Mario Verdone

Storia del cinema italiano

Tascabili Economici Newton

Tascabili Economici Newton, sezione dei Paperbacks
Pubblicazione settimanale, 14 gennaio 1995
Direttore responsabile: G.A. Cibotto
Registrazione del Tribunale di Roma n. 16024 del 27 agosto 1975
Fotocomposizione: Sinnos Coop. Sociale a r.l., Roma
Stampato per conto della Newton Compton editori s.r.l., Roma
presso la Rotolito Lombarda S.p.A., Pioltello (MI)
Distribuzione nazionale per le edicole: A. Pieroni s.r.l.
Viale Vittorio Veneto 28 - 20124 Milano - telefono 02-29000221
telex 332379 PIERON I - telefax 02-6597865
Consulenza diffusionale: Eagle Press s.r.l., Roma

Indice

p. 9	I.	Il film italiano nella storia del cinema
14	II.	Il «Fregoligraph» e i primi attori comici
18	III.	Come nacquero i film storici
21	IV.	Il mito di *Cabiria*
23	V.	Nasce una grande società: la Cines
26	VI.	L'avvento del sonoro
30	VII.	La città del cinema
34	VIII.	Il neorealismo
36	IX.	Precedenti del neorealismo: la presenza di Zavattini
39	X.	Il «primo» neorealismo
42	XI.	La concezione «neorealista» di Roberto Rossellini
46	XII.	Favola e realtà
54	XIII.	Vittorio De Sica e «la rivoluzione della verità»
58	XIV.	Il ruolo di Luchino Visconti
62	XV.	Altre personalità del neorealismo
67	XVI.	Memoria e fantasia di Federico Fellini
70	XVII.	Antonioni, Rosi e la «seconda generazione»
74	XVIII.	Nuovi protagonisti
78	XIX.	I generi «all'italiana»
81	XX.	Un cinema che si rinnova

85 Cronologia

89 Premi e riconoscimenti al cinema italiano

95 Bibliografia essenziale

I. Il film italiano nella storia del cinema

È generalmente fissata al 28 dicembre 1895 la data della nascita del cinematografo, semplicemente perché in quel giorno, a Parigi, nel leggendario Salon Indien del Grand Café, sul Boulevard des Capucines, gestito dall'italiano Volpini, venne effettuata la prima proiezione di un programma di dieci brevi film, per un pubblico pagante. Si trattava, dicono le testimonianze, di non più di trentasei spettatori. È noto che Antoine Lumière, padre di Louis e Auguste, dichiarò che il cinematografo era soltanto una curiosità scientifica, senza avvenire commerciale, destinata a suscitare un relativo interesse, limitato alla scrittura del movimento e alla realizzazione della fotografia animata. Ma furono due francesi a contraddirlo: Georges Méliès, uomo di teatro e prestigiatore, che vi intravide subito una inesauribile fonte di trucchi, e il produttore Charles Pathé, che profetizzò il cinema come «lo spettacolo, il giornale e la scuola di domani».

Tutto questo avveniva dopo il 28 dicembre 1895, da considerare dunque soltanto come una *data di comodo*; ma già in America funzionavano un *Kinetoscope* di Edison, mostrato alla Fiera di Chicago nel 1893, e un *Cinematographe* di Jean Acme Le Roy (1894-95): talché si può dire che esistevano già la «parola» e la «cosa».

Edison e Lumière non mirarono inizialmente che alla fotografia del movimento. E anche i loro predecessori non pensarono dapprima che a un solo scopo: fissare il moto degli animali e dell'uomo. Col cinetoscopio, guardando da un occhiale situato in un apparecchio-cassetta, lo spettatore isolato vedeva prodigiosamente animarsi la fotografia: un acrobata che saltava, due pugilatori che combattevano. Col cinematografo Lumière mostrò *L'arrivo di un treno* e *L'uscita degli operai dalle officine*.

Difficile è stabilire senza esitazioni quali furono i primi passi e le tappe evolutive fondamentali per giungere alla definitiva realizzazione del cinematografo. È certo che già con le millenarie «ombre cinesi» esisteva un «cinema animale» che si valeva di schermo, di fonte di luce, di ombre in movimento, e persino di effetti rumoristici, nonché di elementi linguistici propri del cinema

10 STORIA DEL CINEMA ITALIANO

(primo piano, campo lungo, sovrimpressione, sparizione, ecc.). Il teatro d'ombre ebbe fortuna in Asia Minore, nell'Africa settentrionale, e poi in Europa, all'epoca della Rivoluzione francese, e quindi nei cabaret letterari tipo «Le Chat Noir». Ai princìpi della «camera oscura» prestarono attenzione Leon Battista Alberti e Leonardo, e ne scrissero il veneziano Daniele Barbaro in *Pratica della prospettiva* (1568) e Giovan Battista Dalla Porta nella *Magia naturalis* (1589); ma fu accusato di stregoneria.

Vengono poi tutti gli esperimenti per realizzare la fotografia fissa (Daguerre, Nièpce, Plateau, Talbot). Etienne Jules Marey fissa fotograficamente le fasi dei movimenti degli animali (1870) analizzati anche da E.J. Muybridge. Nel 1877 Emile Reynaud crea il «prassinoscopio» con immagini di disegni colorati, che perfeziona nel 1882, e presenta nel 1892 nel Museo Grévin (dove opererà Méliès). Sono i primi tentativi di disegno animato. Nel 1877 Thomas Alva Edison ottiene il brevetto per fonografo, per la registrazione dei suoni, e ne prende spunto per la registrazione delle immagini col kinetoscope, brevettato nel 1891. Nel 1892 il francese Léon Bouly ottiene il brevetto per un suo apparecchio per la ripresa delle immagini detto «cinematografo». E la parola entra a questo punto nella storia. Il 15 aprile 1894 T.A. Edison presenta pubblicamente il cinetoscopio, i cui film, visti in cassetta da uno speciale occhiale e da una sola persona, sono detti *peep-show*: brevi scene di fatti comuni. Il 15 febbraio 1895 i fratelli Lumière ottengono il brevetto per «un apparecchio detto cinematografo utile per ottenere e vedere prove cronofotografiche»: ma i cittadini di Beaune rivendicano a Marey l'invenzione del cronofotografo e del cinematografo. Nel 1894 Filoteo Alberini (che poi fonderà la Cines) inventa il kinetografo «apparecchio per riprendere, proiettare e stampare film» e, per la lentezza della burocrazia italiana, non ottiene il brevetto che il 2 dicembre 1895. Ma il 28 dicembre 1895 il cinematografo è presentato pubblicamente dai Lumière a Parigi. E così nasce lo spettacolo cinematografico.

Nel 1904, un anno prima che nascesse la Cines, Filoteo Alberini realizza il breve film (duecentocinquanta metri) *La presa di Roma ovvero La breccia di Porta Pia*. Lo proietta simbolicamente il 20 settembre 1905 nel piazzale di Porta Pia, davanti a una folla di curiosi. È questo cortometraggio che dà inizio a una produzione che otterrà notevoli successi, da un punto di vista commerciale e di prestigio, specialmente nel campo del film detto «storico» (in realtà film in costume). Si intendeva, nei primi decenni di questo secolo, per film «storico», il film basato su personaggi, episodi e avvenimenti storici, magari desunti da opere letterarie e dram-

IL FILM ITALIANO NELLA STORIA DEL CINEMA   11

matiche: il romanzo storico ottocentesco, episodi celebri di canti danteschi (ispirati al *Conte Ugolino*, a *Pia de' Tolomei*, a *Paolo e Francesca*) testi teatrali e melodrammi. Alla *Presa di Roma* fecero seguito pellicole che, in ripetute edizioni, portarono sullo schermo *Messalina* e *Spartaco*, *Giulio Cesare* e *Cleopatra*, *Gli ultimi giorni di Pompei* e *Quo vadis?*, storie sacre e profane, per la messa in scena – ancora non si diceva regia – di Mario Caserini, Enrico Guazzoni, Carmine Gallone, Giulio Antamoro, Giuseppe De Liguoro, e altri «maestri di scena» o realizzatori di film.

Una casa torinese, la Itala Film, e il regista Giovanni Pastrone, che assumeva per l'occorrenza il nome di battaglia di Piero Fosco, realizzavano nel 1913 un film di lungo metraggio (m 3000) che ancora oggi è ricordato con rispetto in tutte le storie del cinema: un film che annoverava la firma di un collaboratore (per le didascalie) come Gabriele D'Annunzio, che costituiva il più grande sforzo mai compiuto nella produzione dei film, che faceva registrare innovazioni (tali almeno erano allora considerate) come i modellini, le luci artificiali, le carrellate, le panoramiche. Vi si vedevano, per la prima volta in Italia, anche i «primi piani». Un attore atletico, Bartolomeo Pagano, veniva battezzato da D'Annunzio «Maciste» e dava inizio a una serie di film su questo personaggio. Ildebrando Pizzetti scriveva per tale spettacolo cinematografico di grande impegno, intitolato *Cabiria*, una delle prime musiche per film con la *Sinfonia del fuoco*.

Cabiria fu subito studiato e imitato in America, dove già si era avviata la produzione di western, per merito di Porter. Fu David Wark Griffith che ne trasse spunto per creare, nel 1914, il capolavoro del muto: *Intolerance*, una pellicola in quattro episodi, situati nella preistoria, ai tempi dei Babilonesi, nella notte di San Bartolomeo, e nell'epoca contemporanea, che miravano a dimostrare uno stesso assunto: in ogni epoca prevale l'intolleranza.

In questo periodo, la produzione italiana imparò a valersi di una notevole schiera di «stelle» mute: Lyda Borelli, Pina Menichelli, Francesca Bertini, Maria Jacobini, Diana Karenne, Leda Gys, e le coppie Borelli-Bonnard, Soava Gallone-Serventi, Bertini-Collo, Kally Sambucini-Ghione furono tra i primi esempi di divismo nella storia del cinema.

Interpretavano film floreali, ispirati a vite di personaggi raffinati ed eroi estetizzanti del principio del secolo, «spiriti rari» come li definiva D'Annunzio, e le donne «ammirabili belve»: *Ma l'amor mio non muore*, *Tigre reale*, *Il romanzo di un giovane povero*, *Il fuoco*, *L'innocente*, *Il piacere*, *Il ferro*.

Questi film che, come più volte ha indicato la critica, devono al poeta un'anima ammalata di sensualismo, o una tradizione che attinge alla retorica ed è necessariamente caduca, seppure abbastanza originale, mostrano come il dannunzianesimo imperasse all'epoca anche nel cinema, con le sue aspirazioni a una esistenza dorata, passionale, sovrumana, diversa dalla meschinità della vita quotidiana. L'estetismo è la malattia del momento, e non gli si oppone che il realismo – ora schietto, ora approssimativo – di film di tutt'altro genere: *Sperduti nel buio*, *Assunta Spina*, *Teresa Raquin*, *Don Pietro Caruso*, *Cenere*, tutti realizzati attorno alla prima guerra mondiale, e dove la narrativa meridionale si innesta felicemente nel cinema, portandovi la tradizione dei Bracco, Verga, Di Giacomo, Deledda, insieme a quella del maestro del naturalismo, Emile Zola. Ognuno di questi film meriterebbe un particolare, lungo ragguaglio: *Sperduti nel buio* di Nino Martoglio e Roberto Danesi (1914) per quella atmosfera cruda, lacerante, contrapposta ad ambienti aristocratici dove viene raffigurato il male e la corruzione, che diventa qualcosa come un lontano antecedente della cinematografia italiana del neorealismo; *Assunta Spina* di Gustavo Serena (1915) per l'ambientazione nei «bassi» napoletani e per la incisiva interpretazione della Bertini; *Teresa Raquin* di Martoglio (1915) per il suo crudo realismo, che risente l'eco di quel più vasto movimento francese che fa capo a Zola e ad Antoine, e che coinvolge tutta la cultura contemporanea, compresa l'America, attraverso Belasco e Griffith; *Don Pietro Caruso* (1917) indicativo del contributo dato al cinema italiano ed europeo da Emilio Ghione (che diverrà più noto sotto il nome di Za-la-mort), l'interprete di *Topi grigi*, *Triangolo giallo*, *Za-la-mort contro Za-la-vie*. Infine *Cenere* (1916) di Febo Mari tratto dall'omonimo romanzo di Grazia Deledda è il film della Duse, l'unico documento concreto in cui ella è restituita, come sublime esempio di arte interpretativa, alla realtà, tramite questo miracoloso strumento ottico – il cinema – reversore della vita, e dove si può ravvisare la sua intelligenza dei problemi artistici dello schermo, sia pure nella limitatezza di un solo esempio sopravvissuto. La Duse credeva nel valore espressivo del cinema, e sapeva far agire, in una estrema sorvegliatezza, più le sue miracolose mani che una gesticolazione e una mimica facciale sovraccariche: i difetti, appunto, che si riscontrano oggi in quelle stelle che allora erano in voga e i cui gesti diventano, ora, dopo tanto tempo, estremamente ridicoli.

La guerra arrestò la produzione italiana, che per un certo periodo aveva trionfato nei mercati di tutto il mondo facendo apprezzare i suoi registi e i suoi attori.

IL FILM ITALIANO NELLA STORIA DEL CINEMA

Il dopoguerra trovò la nostra industria impreparata, mentre cresceva la concorrenza della produzione statunitense e si verificavano dissesti economici che determinavano il fallimento delle maggiori società. Agli inizi del sonoro l'industria cinematografica italiana si vedeva costretta a ricominciare da capo: si adoperarono per la sua rinascita il produttore Stefano Pittaluga, lo scrittore Emilio Cecchi, i registi Alessandro Blasetti, con i suoi realistici *Sole*, *Terra madre*, *1860*, e Mario Camerini (*Rotaie*, *Il cappello a tre punte*). Luigi Pirandello firmò il soggetto di *Acciaio* (1933), una moderna *Cavalleria rusticana* realizzata nelle acciaierie di Terni. Ma era l'epoca del fascismo, e se il regime non badava a spese per favorire la «protezione» del film nazionale e creare Cinecittà e la scuola per attori, registi e tecnici del Centro Sperimentale di cinematografia, spingeva preferibilmente i realizzatori a dar vita a opere di genere eroico, storico, melodrammatico, lontane dalla vera realtà sociale e umana del paese.

Questa realtà non poteva essere raggiunta dal nostro cinema che nel profondo rivolgimento determinato dalla guerra e dal dopoguerra, allorché, cioè, si manifesterà un fenomeno cinematografico oggi conosciuto sotto il nome di neorealismo, che costituisce senza dubbio anche il maggior contributo dato dall'Italia alla storia e allo sviluppo della cinematografia.

II. Il «Fregoligraph» e i primi attori comici

T.A. Edison e Charles Pathé avevano provato ad accompagnare le prime proiezioni con dischi. «Fu anzi il fonografo – ha ammesso Edison – che per primo mi suggerì l'idea della macchina da presa. Già da parecchi anni avevo eseguito ricerche sulla registrazione e riproduzione del suono e avevo avuto, un giorno, l'idea che fosse possibile costruire un apparecchio che permettesse di fare per la vista ciò che il fonografo faceva per l'udito.» Ma la utilizzazione dei dischi non era sembrata la più conveniente e il fonofilm sembrava ancora lontano dal nascere. Le voci che si levavano dai grammofoni erano caricature di «romanze» o, nel caso di qualche famoso personaggio di Shakespeare, di dialoghi tragici. A risentire il disco di un breve film francese, *Pagliaccio!*, sembra di udire il celebre prologo di Leoncavallo come sorgente da una caverna. La voce, poi, non riusciva quasi mai a trovare la coincidenza con l'immagine. E l'effetto della romanza che continuava mentre l'attore chiudeva la bocca, o che finiva mentre il cantante allargava le braccia per lanciare l'acuto finale, era irresistibilmente comico.

Inventori, ricercatori, produttori ed esercenti si erano ritratti scoraggiati dall'impresa. I tentativi si erano fatti più rari o avevano destato minore aspettativa, anche perché il cinema si affermava come «arte muta». Il film trionfava con la pantomima di Charlot. Nelle sale era sufficiente, a rompere il ronzio della pellicola, il concerto del pianista che talvolta era costretto a rincorrere affannosamente le immagini. Accadeva che, dopo una giornata di proiezioni, l'accompagnatrice desse segni di stanchezza. Un lamento d'amore accompagnava una violenta baruffa. Ma il pubblico reagiva prontamente fischiando e la distratta musicante – che ricorderete con gli occhi cerchiati di nero, come una imitatrice delle prime «dive» – si affrettava a riacquistare il ritmo giusto con una melodia più virile, con una cavalcata di Walkirie magari, se arrivava sullo schermo Tom Mix a salvare dai pellirosse gli esseri umani in pericolo.

Un tentativo originale di risolvere il problema del suono nel film si deve a un italiano: il trasformista Leopoldo Fregoli, che si considerava un vero pioniere del cinematografo. Aveva potuto, nel 1895, stringere amicizia a Lione coi fratelli Lumière e, maniaco di fotografia e di meccanica come era, aveva chiesto di andarli a trovare nella loro officina. «Per una settimana vi rimasi dalla mattina alla sera – ha narrato nelle sue *Memorie* – ad addestrarmi nei segreti della riproduzione, dello sviluppo, della stampa e della proiezione dei loro minuscoli film. Convinto che la proiezione di quei primi saggi cinematografici alla fine di ogni mio spettacolo potesse costituire una vera attrattiva e suscitare un vivo interesse nel pubblico, chiesi ai Lumière il permesso di proiettare le pellicole. I due scienziati, entrati con me in grande familiarità, aderirono, mi cedettero un apparecchio da proiezione, e concessero il diritto di esclusività per i miei spettacoli di un notevole gruppo di brevi film.»

Il successo riportato da questa novità fu grande. Allora Fregoli, che frattanto aveva battezzato una sua macchina da presa «Fregoligraph», pensò di girare film propri. Nacquero in tal modo *Fregoli al ristorante*, *Una burla di Fregoli*, *Il segreto di Fregoli*, *Un viaggio di Fregoli*, *Il sogno di Fregoli*, e perfino *Fregoli dietro le quinte* nel quale l'attore trasformista rivelava i segreti delle sue creazioni. Fu attraverso questi spettacoli che molti cominciarono a conoscere il cinematografo in Italia.

Durante le proiezioni Fregoli non fece mancare, come era suo costume, le sorprese. Un giorno gli venne il ghiribizzo di fare uno scherzo al pubblico, proiettando la pellicola a rovescio. Si ebbe la rivelazione, inconcepibile agli intelletti di quell'epoca, di una natura colta da follia in cui tutto, cose, azioni, fatti, erano come aspirati, inghiottiti all'indietro da un Dio invisibile le cui mani agguantavano alle spalle gli spettatori di un teatro per rigettarli a ritroso nei loro sedili, mentre gli abiti sgusciavano dalle mani degli inservienti, saltavano dalle sedie addosso a Fregoli, e questi marciava velocissimo all'indietro. L'ilarità che la scena suscitava era enorme.

Dopo questo esperimento, che del resto era stato fatto anche dal «mago» Méliès, nonché dallo stesso Lumière, Fregoli volle fare anche del cinema sonoro e parlato, almeno venticinque anni prima che uscissero le prime pellicole sonorizzate. Il metodo escogitato da Fregoli fu il più primitivo. Ecco come lui stesso ne parla nelle pagine autobiografiche:

«Poiché in qualcuno dei miei film mi presentavo nella riproduzione di molti personaggi delle mie stesse farse, delle mie commedie satiriche e delle mie bizzarrie musicali, pensai di dare a tutte queste ombre, a tutti questi fantasmi, la loro voce. Non con l'utilizzazione di dischi fonografici, ma direttamente. Nascosto fra le quinte, di fianco allo schermo (la proiezione avveniva, per trasparenza, dal palcoscenico) io pronunciavo d'ogni personaggio del film le battute e cantavo i piccoli brani musicali, accompagnati dall'orchestra: tutto ciò con perfetto sincronismo, riuscendo così a dare veramente l'impressione che parole e note uscissero dalla candida tela».

Le esperienze sonore di Fregoli, pur restando nei limiti del suo mondo bizzarro, ebbero tuttavia una indicazione: la necessità per il cinema di acquistare la parola, onde raggiungere il proprio completamento. Al quale non si pervenne che venticinque anni dopo – col *Don Giovanni* prima e col *Cantante di jazz*, poi – ma, se si vuole, allorché il fonofilm era già stato realizzato da Fregoli con ingegnosità e buon risultato, in esperienze elementari che oggi sopravvivono per intero nella tecnica del doppiaggio.

Ma l'importanza di Fregoli nel cinema non è nelle sue pellicole sonorizzate e parlate, bensì, come riconobbero anche critici illustri, nel suo stesso trasformismo teatrale. Gli spettacoli di Fregoli per primi introdussero nella scena quel dinamismo, quel ritmo, quel susseguirsi veloce di quadri, consentito da «mutazioni» pressoché a vista, che era destinato a diventare la regola nel cinematografo. Fregoli aveva intuito che il pubblico, tediato dalle lungaggini delle commedie usuali, affascinato dalla macchina fotografica, come dalla bicicletta e dalle prime automobili, dagli aeroplani, chiedeva rapidità di effetti, movimento, illusione di cambiamenti istantanei (cioè, appunto, trasformismo), incalzare continuo di nuove trovate sceniche; diventando lui stesso vero e proprio «cinematografo vivente».

Naturalmente Fregoli, sul quale è valso soffermarci come fenomeno a sé del film comico italiano, non ne fu l'unico né il più celebre rappresentante: vanno ricordate le serie di Tontolini (Fernand Guillaume, appartenente a una famiglia di circensi), poi detto Polidor (Pasquali Film di Torino e Cines di Roma), di Cretinetti (cioè André Deed, Itala Film di Torino), di Robinet (Marcel Fabre), di Cocciutelli, Pick Nick, Rirì, Beoncelli, Tartarin, Fricot, tutti abbastanza popolari fino alla prima guerra mondiale. Per quantità, se non per qualità di film, eccelse certamente Polidor (*Polidor dentista*, *Polidor fa le iniezioni*, *Il cilindro di Polidor*, ecc.) dall'elementare clownismo. La Cines gli fece interpretare nel 1910 anche un *Pinocchio* diretto da Giulio Antamoro. I film di Cretinetti (André Deed) si valsero di truccherie, anche di tipo surrealista (*Cretinetti e le donne*, *Il duello*); mentre Robinet (Mar-

IL «FREGOLIGRAPH» E I PRIMI ATTORI COMICI   17

cel Fabre) si fa ricordare specialmente per un film quasi-futurista (*Amor pedestre*, 1916), interpretato da soli «piedi», e per *Saturnino Farandola* (in sei parti), avventuroso alla Robida. Il personaggio di Polidor si ritrova spesso in ruoli minori in alcuni film di Federico Fellini.

Ancora con l'occhio verso il circo si affermò in Italia, dopo i cortometraggi clowneschi dei comici, il film atletico e acrobatico, non tanto per le influenze esercitate dallo spettacolo circense quanto per l'affermazione dell'erculeo personaggio di Maciste in *Cabiria*. Fu così apprezzato dal pubblico che Bartolomeo Pagano venne chiamato a interpretare altri «Maciste», iniziando così una fortunata serie. E ci furono *Maciste alpino*, *La trilogia di Maciste*, *Maciste all'inferno*, *Il vetturale del Moncenisio*, ecc.). Si fece ricorso anche ad altri forzuti e acrobati: Galaor, Sansonia (Luciano Albertini) e Sansonette, Ursus, Spartacus, Ausonia, Giovanni Raicevich, Saetta, e perfino una donna-Maciste, scoperta da Polidor: Astrea.

III. Come nacquero i film storici

Come poté accadere che il mondo della romanità, agli inizi della cinematografia, abbia ispirato così frequentemente le varie produzioni, non solo quella italiana, ma anche la francese, la britannica, la statunitense? *Messalina* e *Fabiola*, *Marcus Licinius* e *In hoc signo vinces*, *Maria di Magdala* e *Christus*, *Spartaco* e *Giulio Cesare*, *Quo Vadis?* e *Ultimi giorni di Pompei* erano all'ordine del giorno. Uscivano dagli studi della Cines e della Caesar di Roma, e della Itala, della Pasquali e della Ambrosio di Torino; ma anche da Pathé e da Gaumont di Parigi, mentre Hollywood, se mai, si mostrava più attratta dai soggetti biblici. Ma gli stranieri, e in particolar modo gli americani, vi si dedicarono forse per imitazione del film storico italiano, che eccelse in questo genere soprattutto per merito di Giovanni Pastrone alias Piero Fosco, autore nel 1913 di *Cabiria*, oppure la predilezione dei soggetti di ambiente romano è da ricercarsi in altre manifestazioni dello spettacolo, che precedettero e influenzarono il cinema?

È fuor di dubbio che le fonti di questo film «togato» vanno cercate nel romanzo storico, come quello di Nicholas Wiseman (*Fabiola*), o di Henryk Sienkiewicz (*Quo vadis?*) o di Lewis Wallace (*Ben Hur*), nonché nel melodramma, nel teatro e nella lirica dannunziana; ma forse il gusto delle grandi rievocazioni storiche e delle sfarzose pantomime equestri, delle parate di armati e di fiere, venne da un altro genere di spettacolo: quello dei caroselli storici, degli ippodromi napoleonici, dei *rodeos* americani, delle arene.

Uno dei grandi temi trattati con ampiezza di mezzi dai maggiori circhi, per esempio, era «La distruzione di Roma». Se ne dilettavano gli spettatori di New York e di Londra, ma non soltanto l'antica capitale dei Cesari era la grande protagonista delle pantomime storiche e militari dei secoli XVIII e XIX, nei circhi di Astley e di Franconi, di Guerra o di Laloue, o finanche, in America, del grande Barnum. Si amava rievocare «Fra' Diavolo» e «Il passaggio del San Bernardo», «L'incendio di Mosca» e «Il corriere di Pietroburgo», «Bonaparte al Ponte d'Ercole» e «Il domatore di

COME NACQUERO I FILM STORICI   19

Pompei», mentre Buffalo Bill era specialista nel riprodurre famose battaglie contro gli indiani sulle praterie non distanti dai centri abitati dei pionieri, cosparse di tende e di pezzi di artiglieria, popolate di soldati a cavallo e di bandiere stellate.

All'Olympia di Londra si potevano vedere, attorno al 1890, produzioni come «Venezia», con una «vera laguna ricostruita», «India» in cui si celebravano fastosi funerali con la rituale pira, «Parata militare» ed «Esibizione internazionale a fuoco»: tutti spettacoli che poi sarebbero stati ripresentati, con spiegamento di mezzi anche maggiore, nel cinema.

A quel tempo i circhi e gli eroi ardimentosi delle arene erano ben visti dai sovrani, e come avvenne con Giuseppe Chiarini presso l'imperatore Don Pedro del Brasile, potevano anche essere nominati «Scudieri particolari». David Guillaume riceveva doni equestri da Vittorio Emanuele II, come il Chiarini da Massimiliano d'Austria, o regalava lui stesso sessanta cavalli a Garibaldi per marciare su Roma. La regina Vittoria non sdegnava di ricevere il grande Barnum, magari accompagnato dal nano Tom Pouce, a Buckingham Palace, e il principe di Galles era frequentatore assiduo dell'Olympia e contemplava ammirato le scuderie rigurgitanti e la folla di comparse, che componevano il «Greatest Show on Earth», «il più grande spettacolo del mondo»: espressione che poi doveva suggerire a Cecil B. De Mille il titolo per uno dei suoi più celebri film.

Fu nello stesso Teatro Olympia di Londra che P.T. Barnum, *producer ante litteram*, fece presentare nel 1889 *Nerone o la distruzione di Roma*: «la più stupenda e regale produzione storica di ogni èra», «uno spettacolo grandiosamente realistico, classico, romantico, ideato, allestito e prodotto da Imre Kiralfy, associato col *Greatest Show on Earth* di P.T. Barnum». L'avvenimento è rievocato in un opuscolo pubblicato nella metropoli britannica e firmato dallo stesso Kiralfy, il quale ha la modestia di dichiararsi «parecchio presuntuoso nel presentare simile spettacolo a Londra, considerata la vera capitale delle grandi produzioni spettacolari». Come collaboratori Kiralfy annovera alcuni reputati specialisti, fra cui non mancano gli italiani: il musicista Angelo Venanzi, il creatore delle decorazioni e dei «parafernali» Rancatti, il direttore dei cori Beniamino Lombardi, il maestro delle danze Ettore Coppini. I *characters* dello spettacolo sono costituiti da Nerone, il tutore Seneca, il prefetto Burro, la madre Agrippina, accompagnati da vari altri personaggi, e da «guardie, senatori, patrizi, plebei, aurighi, cantanti, musici, cristiani, prigionieri, domatori, gladiatori, giocolieri, atleti».

Spigoliamo nella sceneggiatura della produzione, che figura nello stesso opuscolo, e sentite se non vi sembrano le stesse scene che figurano ritualmente nei film sulla romanità: «*Primo quadro*: Nerone e i suoi amici in una orgia – Conflitto tra folla e guardie pretoriane... *Secondo quadro*: Feste imperiali in Roma – I cristiani gettati in pasto alle belve... *Terzo quadro*: Il Circo Massimo – Corse di bighe davanti a Nerone – Annuncio della rivolta di Galba – Scene di agitazione e di panico... *Quarto quadro*: Riunione dei cospiratori... *Quinto quadro*: Gran Baccanale – Incendio di Roma – Nerone si esalta davanti alla distruzione – Notizie dell'arrivo di Galba vittorioso – Martirio dei cristiani – Morte di Nerone e trionfo di Galba – Gloriosa visione dell'alba della cristianità con forme angeliche che salgono e scendono portando al cielo le anime delle vittime...»

Quali considerazioni suggerisce la pantomima romana del *Greatest Show on Earth* di Barnum? Che il cinema non ha inventato del nuovo che raramente. Il più delle volte ha assunto dalle altre forme di spettacolo i maggiori motivi di attrazione. In questo *Nerone o la distruzione di Roma*, a esempio, noi ritroviamo un vero e proprio scenario cinematografico, a pochi anni di distanza dalla realizzazione dei primi film, e in tutto simile a quelli che continuano a essere realizzati anche oggi. Non mancano la «sospensione finale» e «l'arrivo dei vendicatori» con il martirio dei cristiani e la cavalcata di Galba e dei suoi seguaci: ingredienti cinematografici la cui scoperta fu attribuita ora all'uno ora all'altro cineasta e che già appartengono, invece, alle pantomime storiche ed equestri circensi, come anche ai romanzi a intreccio avventuroso. Sono già qui contenuti, altresì, i rituali episodi dei primissimi e dei più recenti film storici di ambiente romano: orge e baccanali, con patrizi e schiave riversi presso i triclini carichi di ghirlande e di vini; e trionfi, corse di bighe, fosse di leoni, nonché l'immancabile incendio, con l'imperatore che recita un poema accompagnandosi con la lira. Sarà su queste pantomime, circensi o filmate, che ben presto volgerà i propri strali, prima dal palcoscenico e poi dallo schermo, il grande Petrolini, con la sua esilarante parodia: *Nerone*.

IV. Il mito di *Cabiria*

A Torino, come a Roma, Napoli e Milano, nacquero diverse ed efficienti manifatture cinematografiche, come allora si chiamavano la Ambrosio fondata da Arturo Ambrosio, la Rossi e la Pasquali, e l'Itala, che produsse il celebre *Cabiria*. A Milano era Italo Pacchioni a filmare nel 1896, dopo aver visto il film di Lumière, *L'arrivo di un treno alla stazione*, nonché alcune comiche (*La gabbia dei matti*, *Battaglia di neve*, *Il finto storpio*). Napoli, che vede – come Torino e altre città – la nascita di riviste stampate, che si occupano anche di cinema, si specializzerà presto in film con didascalie dialettali (i film di Elvira Notari come *E' piccirella*, *Gennariello*, e di Ubaldo Maria Del Colle *Napule ca se ne va*, *Te lasso!*). A Torino il documentarista Roberto Omegna si dedicherà con rilevanti risultati al film scientifico (*Vita delle farfalle*, 1911).

Chi fu l'ispiratore di *Cabiria*, capolavoro italiano del «muto», il film che Giovanni Pastrone, col nome di Piero Fosco, realizzò nel 1913, lasciando credere agli ammiratori di D'Annunzio che ne fosse autore il poeta del Vittoriale? Come si svolsero i fatti, oggi, è ben noto. Pastrone aveva scritto e diretto il film, inventato ritrovati tecnici e trucchi, dopo aver studiato le guerre puniche e aver frugato a Parigi il museo cartaginese. Gli aveva dato per titolo *Il romanzo del fuoco* e aveva anche preparato un abbozzo delle didascalie; poi aveva avuto l'idea, audace a quell'epoca, di introdurre la collaborazione di un famoso scrittore, di regalargli in un certo senso il film, di pagarlo a carissimo prezzo, col solo compito di rifare le didascalie, di cambiare il titolo e inventare nuovi nomi per taluni personaggi. D'Annunzio accettò dopo che il film era stato girato, e il film divenne dannunziano soltanto per virtù di didascalie e di contratto.

Ma il retroscena di *Cabiria*, come il film fu chiamato da D'Annunzio, non finisce qui. Vi sono altri aspetti, ignoti ai più, non meno interessanti e curiosi. Nel soggetto di *Cabiria* sono da sottolineare questi episodi: dei pirati saccheggiano il porto di Camae e rapiscono e portano a Cartagine una fanciulla romana. La prigioniera sarà offerta al Dio del Fuoco, al Grande Moloch, cui vengono sacrificate, secondo il rito, schiere di giovanetti. Un coraggioso soldato, Fulvio Axilla, che ha per compagno il fido Maciste, riesce a liberare la fanciulla nel momento stesso in cui sta per essere gettata nelle fauci di Moloch. Il rito religioso, nel film di Pastrone, è preceduto da una preghiera tipicamente dannunziana e accompagnato da una *Sinfonia del fuoco* scritta appositamente da Ildebrando Pizzetti. La trama ha poi molti altri sviluppi, nel quadro della guerra tra Roma e Cartagine. Ecco come comincia la preghiera a Moloch, nelle parole di D'Annunzio: «Re delle due zone, t'invoco! Respiro del fuoco profondo, gènito di te, primo nato! Eccoti i cento puri fanciulli. Inghiotti! Divora! Sii sazio! Karthàda ti dona il suo fiore. Odimi creatore vorace, che tutto generi e distruggi, fame insaziabili, m'odi! – Eccoti la carne più pura! Eccoti il sangue più mite! Karthàda ti dona il suo fiore!».

Orbene tutti gli avvenimenti descritti – ecco dov'è la parte veramente curiosa, e, se si vuole, divertente, dei fatti che veniamo esponendo – si trovano, sia pure presentati in altra forma, sotto altri nomi, in un famoso romanzo di avventure, che deliziò le letture della nostra infanzia, il quale ha gli stessi episodi, e dove non manca neppure una «Preghiera a Moloch» che inizia con assai minore enfasi: «O Fuoco, signore supremo, che con la tua vivida fiamma fai luce nella dimora delle tenebre...».

Del romanzo, che era stato pubblicato a Torino, è autore Emilio Salgari. Si intitola *Cartagine in fiamme* e fu scritto pochi anni avanti della realizzazione, negli studi della torinese Itala Film, di *Cabiria*. Pastrone vi si ispirò liberamente per *Cabiria* (non credo che su ciò possa sussistere alcun dubbio); e, per dare al proprio film un'impronta, diciamo, culturale, umanistica, riuscì a implicarvi i nomi di D'Annunzio e di Pizzetti.

La cosa non finì qui. D'Annunzio dovette, poco dopo, scoprire che *Cabiria* prendeva le mosse da Salgari e se ne lamentò con Pastrone. Ricordo che molti anni fa il regista Pastrone, rievocando per me, seppure con molte reticenze, l'episodio, ripeté una frase che allora non avevo saputo interpretare ma che oggi, dopo la ricostruzione dei fatti, può suonare a me e al lettore più chiara: «Inaudito! Giocare una beffa simile al beffatore di Buccari!». La beffa dunque era stata questa: D'Annunzio aveva accettato di attribuirsi per cinquantamila lire la paternità di *Cabiria*, mentre in realtà non ne aveva scritto che le didascalie ignorando che aveva tradotto in ricca prosa dannunziana le pagine alla buona, ma quanto piene di vita, del capitano Emilio Salgari; e che aveva visto Maciste (il famoso personaggio interpretato da Bartolomeo Pagano) nel valoroso e possente Sidone di *Cartagine in fiamme*.

V. Nasce una grande società: la Cines

Nel 1906 a Roma nacque la Cines tra gli orti di carciofi di una zona fuori Porta San Giovanni dove oggi sono le vie Veio e Magna Grecia, e piazza Tuscolo. Veramente, prima vi era stata la «Alberini e Santoni». Filoteo Alberini, dopo essere stato impiegato tecnico all'Istituto geografico di Firenze, dopo aver costruito nel 1894 un apparecchio da presa e da proiezione e averlo perfezionato e brevettato nel 1895, a poca distanza dalle prime realizzazioni dei Lumière, inaugurava a Roma nel gennaio 1904 il cinematografo Moderno. Confortato dal successo del suo locale, che era di venti metri di larghezza ed era capace di centottanta posti a sedere, l'Alberini si convinse della opportunità di costruire uno stabilimento per la ripresa di film. Fu così che sorse nel 1905 la pre-Cines, e che fu girato anche il primo film italiano di qualche rilievo, *La presa di Roma*, dove si illustrava la sconfitta delle truppe pontificie dinanzi all'audace assalto dei bersaglieri a Porta Pia: i quali, per quanto in numero limitato, venivano fatti girare di corsa a più riprese intorno a un muro sbrecciato, dando l'impressione di una irresistibile e interminabile carica. Gli eroi erano poi benedetti dalla Gloria, ammantata di una bandiera tricolore.

L'entusiasmo suscitato dalla *Presa di Roma* fece nascere subito altre pellicole e altre case produttrici (a esempio la Celio Film di Baldassarre Negroni). L'azione storica di Alberini, in meno di 300 metri, «eseguita col concorso del ministero della Guerra per la fornitura delle uniformi, artiglieria ed armi», e che superava di gran lunga le già sensazionali riprese di attualità, come *La visita a Papa Leone XIII* di Vittorio Calcina, aveva mandato in visibilio il pubblico romano.

Ma la «Alberini e Santoni» non riusciva a far fronte alle richieste sempre maggiori avanzate da nuovi esercenti. I pochi film prodotti e importati in quell'epoca, le prime cineattualità e le prime comiche, ormai erano insufficienti a soddisfare la curiosità e l'interesse sempre maggiori del pubblico. Così la modesta ditta si trasformò in società anonima per azioni, auspice un coraggioso e giovane industriale, l'ingegnere Adolfo Pouchain, e con il concorso del Banco di Roma, con capitale iniziale di 500.000 lire e con azioni di 50 lire ciascuna. Presidente ne era Ernesto Pacelli, zio di Pio XII. Amministratore e direttore generale il barone Frassini. Don Prospero Colonna, più tardi sindaco di Roma, era tra i consiglieri.

Da Parigi furono chiamati registi e scenografi. Fu commesso, pare, anche qualche atto di pirateria, con pedissequa copiatura di pellicole già girate da Pathé. Filoteo Alberini lasciò ai nuovi registi la cura di realizzare film per la Cines e riprese le sue ricerche ottiche. Nel 1911 otteneva un brevetto per un cinematografo «tascabile», poi per un apparecchio per la ripresa panoramica. «La pellicola negativa – ha scritto Francesco Soro – si spostava a intermittenza in posizione curva, dinanzi ad un obbiettivo girevole. Con tale applicazione si veniva ad ampliare enormemente l'angolo di ripresa.» Si trattava di un «cinemascope» in anticipo, ma girato con pellicola situata orizzontalmente, anziché verticalmente.

La Cines ebbe la fortuna di avere subito a disposizione un gruppo di valenti «direttori artistici», come allora si chiamavano. Mario Caserini era il grande specialista delle pellicole storiche (allora lunghe dai centocinquanta ai duecentocinquanta metri) che coglieva ragguardevoli successi col *Cid* (girato a villa d'Este), con *Macbeth* e con *La Romanina*. Gaston Velle aveva portato a Roma la tecnica, fatta di magia e di illusionismo, di Georges Méliès. A essi si aggiunsero altri nomi, garanzie di successo: Fernand Guillaume, interprete di innumerevoli comiche, in cui assunse il nome di Tontolini (prima di chiamarsi Polidor), e i maestri di scena Enrico Guazzoni e Carmine Gallone. I registi attingono per i loro canovacci, buttati giù senza troppo rigore, alla storia romana, a personaggi del Medioevo, a protagonisti di tragedie di Shakespeare, a storie del Risorgimento. I nomi che ricorrono più spesso sui titoli delle pellicole Cines sono però romani: *Brutus* e *Catilina*, *Spartaco* e *Caio Giulio Cesare*, *Messalina* e *Fabiola*, *Orazi e Curiazi* e *Christus*, dapprima realizzati in pellicole brevi, poi ripresi per mediometraggi e lungometraggi, tra cui sono rimasti celebri *Ultimi giorni di Pompei* e *Quo vadis?*. In pochi anni la produzione salì vertiginosamente raggiungendo nel 1910 la cifra massima di 134 film realizzati in una sola stagione, oltre 36 documentari e 57 comiche. Ma sarebbe inesatto affermare che questa ormai enorme mole di lavoro desse alla società una sicurezza finanziaria assoluta. Anzi, come spesso avviene nella storia del nostro cinema, quando la produzione compie uno sforzo maggiore del ragionevole, la ditta ormai collaudata e fortificata improvvisamente traballa. Il Banco di Roma deve intervenire per risanare

NASCE UNA GRANDE SOCIETÀ: LA CINES   25

il bilancio, forse anche per liquidare. Fortunatamente il barone
Frassini, uomo di fiducia della banca, riprende con mano sicura
il timone della società. E il lavoro, meno avventuroso che nei primi anni, continuerà attraverso la guerra (commettendosi magari
ancora qualche pazzia, come la spesa di trecentomila lire per la
realizzazione di *Marcantonio e Cleopatra*) con una media annua
di film realizzati variabile tra le settanta e ottanta pellicole a soggetto, escluse le comiche e i documentari.

Non è facile, dovendosi limitare a un breve capitolo, rammenta-
re tutti i grandi nomi che furono «attrazioni» della Cines in quel-
l'epoca: Baldassarre Negroni, Nino Oxilia, Giulio Antamoro, Augusto Genina, tra i registi – oltre a quelli già ricordati –; Amleto
Novelli, Ruggero Ruggeri, Lamberto Picasso, Mario Bonnard,
Emilio Ghione, tra gli attori; Maria Jacobini, Gianna Terribili
Gonzales, Francesca Bertini, Leda Gys, Soava Gallone, Pina Menichelli, Diana Karenne, Lyda Borelli, con innumerevoli altre
che omettiamo soltanto per brevità, tra le «stelle».

Il divismo imperava ma la guerra, che non permise agli studi di
via Veio di realizzare in quattro anni più di 29 film, le grandi pa-
ghe delle attrici (la Bertini otteneva tre milioni annui e Pina Menichelli due e mezzo), le aumentate spese di produzione, la mancanza di direttive e di seri programmi per tutte le case cinematografiche, Cines compresa, la partenza del barone Frassini, che si
congedò dalla ormai anziana società per passare ad altre attività
industriali, gli incidenti di lavorazione verificatisi durante le riprese di importanti film, l'inutile balsamo della creazione del trust
UCI (Unione cinematografica italiana); tutto ciò fece sì che il cinema italiano, in coincidenza col fallimento di una banca che scon-
tava il portafoglio cinematografico, si avviasse per una china mortale. La Cines ne fu la vittima più cospicua. Uno dei suoi ultimi film
muti, tra il 1923 e il 1924, si chiamò simbolicamente: *La casa in
rovina*.

VI. L'avvento del sonoro

La rinascita del cinema italiano avvenne in coincidenza con l'avvento del sonoro. Già un gruppo di giovani, capitanati da Alessandro Blasetti, si battevano per la ripresa, anche attraverso combattivi periodici cinematografici. Mentre in America *Don Giovanni* e *Il cantante di jazz* annunciavano il fonofilm, Blasetti fondava una società, l'Augustus, per realizzare *Sole* (1929), un film sulla redenzione delle Paludi Pontine. Nello stesso anno Mario Camerini, un altro personaggio rappresentativo della rinascita, girava *Kif Tebbi*, da un romanzo di Luciano Zuccoli. È nel 1930 che negli stabilimenti Cines, animatore Stefano Pittaluga, vengono prodotti i primi film sonori. Tale è *Resurrectio* di A. Blasetti, non trascurabile film di natura semisperimentale, conciso, allusivo, articolato con molti «primi piani» e scarsi dialoghi. Rivisto a molti anni di distanza, bocciato dalla critica della sua epoca e forse anche dal produttore Stefano Pittaluga, che lo fece distribuire dopo un altro «sonoro» *La canzone dell'amore* di Gennaro Righelli (da una novella di Pirandello), si capisce oggi perché Blasetti fosse rimasto tanto attaccato a questo suo primo film parlato la cui lavorazione restò bloccata a lungo per ragioni poco chiare e a cui seguì *Terra madre*, quasi sulle tracce di *Sole*. Anche Camerini in *Rotaie* tentava in suggestive sequenze, affidandosi ai ritmi della strada ferrata, il film sperimentale – peraltro poco incoraggiato, in Italia, anche se i futuristi Marinetti, Settimelli, Ginanni Corradini, Chiti ne avevano indicato i princìpi con un precorritore *Manifesto della cinematografia futurista* (1916).

La canzone dell'amore fu seguito da tre film con Ettore Petrolini basati sui suoi successi teatrali (*Nerone*, *Il medico per forza*, *Il cortile*) nonché da *Terra madre*. E arriva alla Cines quale direttore generale Emilio Cecchi, che promuove la produzione di documentari culturali realizzati da A. Blasetti, F.M. Poggioli, G. Pozzi Bellini, C.L. Bragaglia, S.A. Luciani, Umberto Barbaro, ecc. È un tentativo di avvicinare ancor più la *intellighentsija* al cinematografo.

Il decennio Trenta, contraddistinto da film di sicura professio-

L'AVVENTO DEL SONORO

nalità e decoro artistico, registra una serie di film che sottolineano lo sforzo di ripresa del cinema italiano, attraverso le commedie di Camerini (*Uomini che mascalzoni!*, *Darò un milione*, *Signor Max*, *Batticuore*), che sovente si giovano della interpretazione dell'«attor giovane» Vittorio De Sica; le prime prove di C.L. Bragaglia passato dalla regia teatrale, dalla fotografia e dal documentario al film a soggetto, dove si distingue per *O la borsa o la vita*, attento alle esperienze francesi, surreali e clairiane, e poi con *La fossa degli angeli*, realistico, girato nelle Alpi Apuane; *Seconda B* di Goffredo Alessandrini che rivela nuove attrici, anche uscite dalla scuola (voluta dal regime, che considera il cinema «l'arma più forte») del Centro Sperimentale di cinematografia, tra le quali Alida Valli; *Canale degli angeli* di Francesco Pasinetti, già notevole documentarista, girato a Venezia; *Signora di tutti*, un film di respiro internazionale diretto da Max Ophüls, con una bella interpretazione di Isa Miranda. Blasetti girerà altri film di tipo realistico come *Palio*, realizzato a Siena, il napoletano *Tavola dei poveri*, con Raffaele Viviani, *1860*, sull'epopea garibaldina, valendosi di veri «picciotti»; e farà anche film in costume (*Caravaggio*, *Un'avventura di Salvator Rosa*, *La cena delle beffe*, *Ettore Fieramosca*, e il fiabesco *Corona di ferro*).

Prospera in questa epoca la commedia detta dei «telefoni bianchi», di genere brillante, con attori dalle virtù recitative collaudate, per lo più provenienti dal teatro. Le scenografie e le ambientazioni erano eleganti e moderne e vi si distinguevano Gastone Medin e Piero Filippone, mentre Gino C. Sensani era il raffinato costumista. Pare che fosse stato Emilio Cecchi a chiamare Gastone Medin per una commedia moderna indicandolo così: «cercatemi quello dei telefoni bianchi!».

Ma al Ministero della Cultura popolare tornavano più graditi film come *Vecchia guardia* di A. Blasetti, *Camicia nera* di Giovacchino Forzano, che aveva anche diretto (dai suoi drammi, ideati in collaborazione con lo stesso Benito Mussolini) *Campo di maggio* e *Villafranca*; *Passaporto rosso* di Guido Brignone, sui nostri emigrati, e i soggetti che mettevano in luce le qualità positive dei nostri soldati o di personaggi storici: *Squadrone bianco* di Augusto Genina, *Cavalleria* di Goffredo Alessandrini, *Scarpe al sole* di Marco Elter, e soprattutto *Scipione l'Africano* di Carmine Gallone – già autore di grandi film spettacolari e divulgatore per lo schermo di opere liriche e di biografie di musicisti.

Nel film comico, oltre al già ricordato Petrolini, apparivano Totò con *San Giovanni Decollato* (dalla commedia di Nino Martoglio) di Amleto Palermi, Angelo Musco con *Gatta ci cova*, *L'eredità del-*

lo zio Buonanima, Erminio Macario con *Il pirata sono io*, *Sette anni di guai*. Un regista straniero chiamato a rafforzare il prestigio della nostra cinematografia fu Pierre Chenal con *Il fu Mattia Pascal* (da Pirandello). Luigi Trenker arricchì il nostro film «storico» con *Condottieri*. I fratelli De Filippo apparvero nel film di Mario Camerini *Il cappello a tre punte* (dalla commedia di Alarçon).

Fra le commedie brillarono *La segretaria privata* di Goffredo Alessandrini, *La telefonista* di Nunzio Malasomma (1932), i film con l'anziano Don Giovanni, quasi un Don Pasquale in chiave moderna, Armando Falconi (*Rubacuori*, *Patatrac*, *Ultima avventura*) mentre tra gli «attori giovani» si imponeva Vittorio De Sica (che presto avrebbe affrontato la regia), ed erano apprezzati per la recitazione brillante Nino Besozzi, Enrico Viarisio, Renato Cialente, Luigi Cimara, Dina Galli, cioè alcuni tra i migliori attori di teatro dell'epoca.

Un filone che si distinse particolarmente agli inizi degli anni Quaranta per le sue raffinatezze formali, e perciò fu definito «formalistico», comprendeva i film di Mario Soldati *Piccolo mondo antico*, *Malombra*, *Daniele Cortis*, *Monsù Travet*, di Luigi Chiarini (*Via delle cinque lune* e *La bella addormentata*), di Ferdinando Maria Poggioli (*Addio giovinezza*, *Gelosia*, *Sorelle Materassi*), di Renato Castellani (*Un colpo di pistola*, *Zazà*), di Alberto Lattuada (*Giacomo l'idealista*, 1943): e in questi casi i soggetti, indifferenti ai «desiderata» di regime, facevano ricorso ad autori e temi letterari: Fogazzaro, Bersezio, Camasio e Oxilia, Capuana, Matilde Serao, Rosso di San Secondo, De Marchi.

Nello stesso periodo il film comico ebbe una felice stagione, anche per il ricorso del cinema ai numerosi attori comici di cui la scena italiana era ricca: e quindi non solo Musco, Petrolini, De Filippo, Viviani, Armando e Arturo Falconi, alcuni dei quali già ricordati, ma anche Gilberto Govi, Sergio Tofano, Gianfranco Giachetti, e Macario, Totò, Carlo Dapporto, Nino Taranto, Rascel, Tino Scotti, Dina Galli, Billi e Riva, Maggio, Riento, Campanini, con tutta una schiera brillantissima di caratteristi, educati sul palcoscenico, di cui oggi nel cinema italiano contemporaneo non si ha che debole riscontro. E a essi si uniranno presto, provenienti dall'inesauribile vivaio della rivista e dell'avanspettacolo, prima Anna Magnani e Aldo Fabrizi, poi Walter Chiari e Ugo Tognazzi. Un posto a sé acquista in questo settore la presenza già ricordata di Antonio De Curtis, detto Totò.

La critica lo considerò per molto tempo – nonostante gli oltre novanta film realizzati nel corso della carriera – soltanto un macchiettista e un fantasista da spettacolo minore, uno di quei «buffi» che non avevano veri titoli di nobiltà (anche se Totò, quasi in risposta, teneva a qualificarsi come S.A. Imperiale Antonio De Curtis Gagliardi Griffo Focas Comneno di Bisanzio). L'errore di prospettiva a lungo commesso nei riguardi del Totò cinematografico (in teatro i consensi erano stati comunque unanimi, anche se non sempre avallati da «grandi firme» – ciò che invece non era accaduto per Petrolini) è aver giudicato schematicamente i suoi film come prodotto globale (di regia) piuttosto che considerare il suo apporto individuale e sostanziale di attore. Fu spesso miope la ostinazione a giudicarlo nell'insieme di una produzione che poteva sembrare abborracciata e minore, ma era invece da valutare il suo personaggio – come ora è stato finalmente riconosciuto – che oltrepassava i limiti del teatro e della scena per diventare eccezionale e addirittura «unico».

VII. La città del cinema

La prima pietra della città del cinema fu posta il 29 gennaio 1936. Il 28 aprile dell'anno successivo, con un *tour de force* encomiabile, Cinecittà veniva inaugurata: aveva sedici teatri di posa e piscina per scene acquatiche, uffici, servizi tecnici e ristoranti. I tempi brevi furono resi indispensabili dall'incendio che il 26 settembre 1935 aveva distrutto gli stabilimenti Cines di via Veio, presso Porta San Giovanni. A parte la necessità di una nuova e più ampia concentrazione tecnico-industriale, la cui area fu fissata in via Tuscolana, i teatri del Quadraro erano stati creati anche per altri scopi, in ragione delle nuove esigenze produttive, che già consentivano le imprese di venti film nel primo anno di vita. Era così possibile realizzare riprese sonore più accurate, trucchi ed effetti speciali perfezionati, concentrare magazzini e sartorie sempre attrezzati per masse di figuranti. Si potevano così girare film che comportavano la necessità di laboratori spaziosi, circhi, fori, templi, corti imperiali, mura di città assediate, avere a disposizione spazi per più produzioni, e contribuire così alla vita di una cinematografia nazionale dalle tendenze molteplici che agli inizi degli anni Trenta era, nell'insieme, appena di dieci pellicole, e nel 1937-40 ascendeva, almeno per quel che si riferisce ai lavori realizzati soltanto a Cinecittà, da oltre trenta a quarantacinque.

Durante la guerra il complesso di via Tuscolana subirà, con l'occupazione tedesca, e poi americana, una completa paralisi, finalmente riscattata verso la fine degli anni Quaranta.

Quali furono i risultati artistici di maggiore rilievo nella Cinecittà 1937-1943? Si consideri che, nell'epoca Cines, la produzione italiana era scesa, nel 1935, a 21 film. Nel 1938 – cioè a un anno dalla fondazione di Cinecittà – era tornata complessivamente a 68, con un evidente incremento dato proprio dall'apporto dei nuovi teatri. Si svilupparono le grandi produzioni e Alessandro Blasetti vi contribuì col favolistico *Corona di ferro* – lo stesso anno di *Cena delle beffe* (1940) – e con il film d'azione *Un'avventura di Salvator Rosa* (1939) mentre Mario Camerini proseguiva in quel suo filone garbato di commedie sentimentali che, a Cinecittà,

LA CITTÀ DEL CINEMA   31

dava questi frutti: *Signor Max* (1937), *Batticuore* e *Grandi magaz-zini* (1939).

Assia Noris e Vittorio De Sica erano tra i suoi attori preferiti. Le commedie, moltiplicandosi, si avvantaggiarono della nuova situazione ambientale, anche se l'epoca dei «telefoni bianchi», in ambienti eleganti e di luce, aveva già dato risultati tutt'altro che trascurabili.

Uno dei responsabili dell'epoca dei «telefoni bianchi» – e pur-troppo oggi tra i meno ricordati – fu Gastone Medin, che disegnò, spaziando in tutti i «generi», circa centotrenta film. Non meno di lui furono operosi, negli anni Trenta e Quaranta, altri scenografi di valore: Antonio Valente (*La vedova* di G. Alessandrini, 1939, *La peccatrice* di A. Palermi, 1940, oltre i film di G. Forzano rea-lizzati a Tirrenia), Virgilio Marchi (*La corona di ferro*, 1940), Pie-tro Aschieri (*Scipione l'Africano*, 1939), Guido Fiorini (*Via delle cinque lune*, 1941), Piero Pilippone, Vittorio Nino Novarese, Ve-niero Colasanti, Alberto Boccianti, Vittorio Valentini.

Specialista di film raffinati, novecentisti, Medin lavorò anche per *Luciano Serra pilota* (1938), *L'assedio dell'Alcazar*, *Una roman-tica avventura* e *Addio giovinezza!* (1940), *I promessi sposi* di Ma-rio Camerini (1941), *Un colpo di pistola* e *Zazà* di Renato Castel-lani (1943), *Piccolo mondo antico* (1941), *Malombra* (1942) ed *Eugenie Grandet* di Mario Soldati (1947).

Nei primi anni di guerra la produzione a Cinecittà non accennò a diminuire. Si lavorava anche sotto il pericolo degli allarmi ae-rei. Quando si sentiva da lontano ronzare il motore di un aereo spia o di un ricognitore la produzione si limitava a interrompere i *si gira*: «Aspettate che sia passato!».

Cinecittà tenne a battesimo quelli che poi sarebbero stati indi-cati come i maestri del neorealismo. Nel 1941 venne affidata a Vittorio De Sica la regia di *Teresa Venerdì*; lo stesso anno Rossel-lini realizzò *La nave bianca*, nel 1942 *Un pilota ritorna* e nel 1943 *L'uomo della croce*, dopo aver collaborato nel 1938 alla sceneg-giatura di *Luciano Serra pilota* di Goffredo Alessandrini.

Nel 1940 si era affermato F.M. Poggioli col goliardico-sentimen-tale *Addio giovinezza!*: nel 1943 dirigeva il severo *Gelosia* e il pa-lazzeschiano *Sorelle Materassi* con le sorelle Emma e Irma Gra-matica. Giorgio Pàstina, dalla breve carriera registica, si cimen-tava in un *Enrico IV* interpretato in maniera originale da Osvaldo Valenti; Carmine Gallone insisteva nel suo filone di film musicali (iniziato alla Cines nel 1935 con *Casta diva*) e realizzava nel 1938 *Giuseppe Verdi*, finché non gli venne chiesto di girare un film pu-gilistico di propaganda antiamericana, *Harlem* (1943), che invero non ottenne il risultato voluto, ma apparve piuttosto un atto d'accusa contro il razzismo dei bianchi.

Le radici del neorealismo, unanimemente indicate nei film girati fuori dei teatri di posa, con i «tipi» e senza attori, si possono trovare anche a Cinecittà: a esempio nei film di ambiente popolare *Avanti c'è posto* (1942) e *Campo de' Fiori* (1943), con artisti venuti dall'avanspettacolo come Aldo Fabrizi e Anna Magnani. Tra gli sceneggiatori incontriamo Cesare Zavattini, Piero Tellini, Federico Fellini.

Blasetti dirige nel 1943 *Quattro passi tra le nuvole*, con Gino Cervi e Adriana Benetti, che in seguito fu accolto all'estero come capolavoro neorealista, anche se il battesimo vero e proprio del neorealismo doveva essere successivo. Il soggetto, di Zavattini, Tellini e De Benedetti (quest'ultimo collaboratore anonimo perché ebreo), fu accettato dalla allora Direzione generale della cinematografia dopo che cervellotiche motivazioni od oscure manovre erano state messe in atto per silurare con grande dispetto di Blasetti i suoi soggetti di *Vespro siciliano* e dei dannunziani *Figlia di Jorio* e *Francesca da Rimini*.

La storia di Cinecittà riprende nel 1947 dopo l'interruzione bellica. Ora è la volta delle grandi produzioni americane che si affacciano sul Tevere: e come Griffith era stato attratto, all'epoca del cinema muto, da *Cabiria*, per il suo *Intolerance*, così è vista con favore dalle grandi società statunitensi la realizzazione in Italia di *kolossal* sulla romanità: e vedremo *Quo vadis?* di Merwyn Le Roy con Robert Taylor (1950), *Ben Hur* di William Wyler con Charlton Heston (1959), *Cleopatra* di Joseph Mankiewicz con Elisabeth Taylor (1963), che sono certamente prodotti legati in maniera caratteristica ai teatri di posa del Quadraro, non meno però di *Il principe delle volpi* di Henry King con Tyrone Power e Orson Welles (1948), *Vacanze romane* di William Wyler con Audrey Hepburn (1953), *La contessa scalza* di Joseph Mankiewicz con Ava Gardner, Humphrey Bogart e Rossano Brazzi.

Anche registi di altri paesi verranno a lavorare a Roma, e Marcel L'Herbier gira nel 1948 *Gli ultimi giorni di Pompei* (mentre è di Blasetti la direzione del contemporaneo *Fabiola*) e Jean Renoir realizza *La carrozza d'oro* con Anna Magnani (1952); King Vidor porterà sullo schermo *Guerra e pace* (1956) con Audrey Hepburn, Henry Fonda, Mel Ferrer e Vittorio Gassman.

Ma ci sono anche, accanto alle superproduzioni straniere, e sicuramente tali da non lasciare minore traccia sul versante artistico, le opere significative firmate da alcuni dei nostri maggiori registi del dopoguerra: i film di Federico Fellini (da *Satyricon* ad

Amarcord, da *Casanova* a *E la nave va* e *Ginger e Fred*), di Luchino Visconti (da *Bellissima* e *Notti bianche* a *Ludwig*), di Ettore Giannini (*Carosello napoletano*), per non citare che alcuni titoli famosi, nei quali si iscrivono felicemente, per ultimi, la felliniana *Intervista*, *La famiglia* di Ettore Scola, i film-opera di Franco Zeffirelli tra cui la flagrante *Traviata*.

VIII. Il neorealismo

Per neorealismo cinematografico si intende un movimento, fiorito in Italia attorno alla seconda guerra mondiale, che, basandosi sulla realtà, e vedendola con semplicità, criticamente, coralmente, interpreta la vita come è e gli uomini come sono.

La nostra definizione contiene anzitutto un elemento *storico* e *temporale*: il movimento infatti nasce e si sviluppa in Italia, come abbiamo detto, attorno alla seconda guerra mondiale. Un elemento *reale* e *documentario*, in quanto è basato sulla realtà. Un elemento *tecnico*, in quanto si parla di semplicità, che corrisponde anche alla riduzione e alla penuria di mezzi, alla necessità di ricorrere ai luoghi veri, per la impossibilità di ricostruirli, in quanto dopo il 1944 non v'erano disponibili teatri di posa, al ricorso ai «tipi», invece che agli «attori», sia per scelta espressiva, sia perché gli attori che avevano interpretato personaggi eroici, che erano state le «vedette» dell'epoca del precedente regime, non potevano diventare anche gli eroi del mondo nuovo che veniva sorgendo dalle rovine.

Ma la riduzione e la penuria di mezzi non portavano a risultati negativi: al contrario, obbligavano a una semplicità e a una schiettezza, allo stesso tempo, di espressione, che diventavano una delle forze stesse del neorealismo.

Nella definizione è indicato anche l'elemento *corale*, in quanto il neorealismo non guarda alla storia individuale, ma alla storia collettiva: i partigiani, le donne del dopoguerra che soffrono, i reduci, la povera gente che aspira a «vivere in pace». Infine, nuovissimo nel cinema italiano, l'elemento *critico*, che fino ad allora era rimasto assente nella nostra produzione: atteggiamento costruttivo, giacché indica le piaghe e non tace le sofferenze, ma suggerisce, a volte, anche i rimedi.

Definito quale «neorealismo», il movimento si qualifica per «nuovo» rispetto ai realismi precedenti che può registrare la storia del cinema. Anzitutto il realismo muto italiano, con film come *Assunta Spina* di Gustavo Serena e *Sperduti nel buio* di Nino Martoglio; poi il realismo populista francese, che va da Feyder a Renoir, a Clair, Carné e Duvivier, o il realismo socialista sovietico.

L'elemento reale o documentario che abbiamo messo in evidenza non implica necessariamente che i film neorealisti debbano essere documentari. Il documentario si basa sul documento, non altera, non ricostruisce, non riduce a finzione, come avviene invece in qualsiasi film a soggetto, e quindi anche in quello neorealista. Però va osservato che il film neorealista è vicino al documentario perché vuol essere anche documento, anche testimonianza storica. E pertanto non può fare a meno di valersi del materiale documentario. I registi sono documentaristi nello spirito o (Rossellini soprattutto) di fronte alla società, di fronte al sentimento umano di coloro che la compongono, di fronte agli uomini, spesso, come abbiamo detto, «tipi» presi dalla vita e non «attori».

Insomma il neorealismo è un realismo all'italiana, di origine documentaristica, e di forte coscienza sociale. È un realismo umano, o più che umano, un realismo dei valori umani, talché si potrebbe definirlo, meglio, come *cinema dell'uomo*. Ed è per questo che ha con sé tutti i nostri migliori documentaristi di ieri – Rossellini, Antonioni, Emmer, Maselli, Zurlini, Risi, Pontecorvo, Lizzani, e Zavattini, teorico del movimento e promotore dei film-inchiesta *Amore in città* e *I misteri di Roma*.

IX. Precedenti del neorealismo: la presenza di Zavattini

Come teorico del movimento, Cesare Zavattini potrebbe avere un predecessore in Leo Longanesi il quale, nel 1935, in un numero della rivista *L'Italiano*, aveva fatto queste affermazioni sommarie: «bisogna scendere nelle strade, nelle caserme, nelle stazioni: solo così potrà nascere un cinema all'italiana».

Zavattini però scriveva in quello stesso anno il suo primo scenario cinematografico, *Darò un milione*, realizzato da Mario Camerini e interpretato da Vittorio De Sica. Era un tema lontano dalle predilezioni della cinematografia di regime: v'era attenzione per la cronaca minuta e per i sentimenti degli umili, per un mondo che usciva dalle convenzioni e che ambiva soltanto alla autenticità: e queste qualità, che poi diverranno consuete negli scenari neorealisti, si rilevano anche in altri soggetti, da *Avanti c'è posto* di Mario Bonnard a *Quattro passi fra le nuvole* di Alessandro Blasetti, da *I bambini ci guardano* a *Porta del cielo*, dove si instaura fermamente la sua collaborazione con Vittorio De Sica.

Nel *Testimone* di Pietro Germi – e siamo ancora nel momento formativo del cinema neorealista – Zavattini suggeriva un vero «carattere» cinematografico, un «testimone» il cui orologio diventa simbolo stesso della esistenza: se si ferma l'orologio, l'uomo muore.

Zavattini ha sostenuto la teoria del «pedinamento», che è la quintessenza della sua concezione neorealista: cioè della macchina da presa che segue un uomo della strada, che lo accompagna nel suo vagabondare, nei suoi incontri, fino a farne scoprire l'indole e fino a creare la storia. «L'uomo sconosciuto e pedinato deve essere unico interprete di se stesso.»

In un vecchio numero della rivista *Cinema* (n. 136, 1942) spiegò in *Un minuto di cinema* ciò che intendeva per racconto cinematografico: una scena di strada – soprattutto è la vita nel suo svolgersi che lo interessa – durata appena un minuto, un urto tra due passanti, una lite, uno sparo. E tutto viene analizzato, per un film di novanta minuti, con lo stesso spirito avanguardistico con cui Antonin Artaud pensava di ottenere un lungometraggio dal soggetto *36 secondi*.

PRECEDENTI DEL NEOREALISMO: LA PRESENZA DI ZAVATTINI 37

In un altro scritto, *Alcune idee sul cinema*, pubblicato con la sceneggiatura di *Umberto D.*, le conseguenze di carattere narrativo, costruttivo e morale che hanno portato a quella presa di coscienza della realtà che caratterizza il neorealismo sono rimeditate e sintetizzate eloquentemente in due punti:

1. che mentre prima il cinema da un fatto ne faceva nascere un altro, poi subito un altro, poi un altro ancora e ogni scena era fatta e pensata per essere subito abbandonata (conseguenza naturale della sfiducia nel «fatto», di cui ho già parlato), oggi, pensata una scena, sentiamo il bisogno di «restare» in quella scena poiché sappiamo che ha in sé tutte le possibilità di echeggiare lontanissimamente e di porre tutte le istanze che vogliamo.

Oggi noi possiamo tranquillamente dire: dateci un fatto qualsiasi e noi lo sviscereremo fino a riuscire a trasformarlo in spettacolo. La forza «centrifuga» quindi che costituiva (sia dal punto di vista tecnico che morale) la caratteristica fondamentale del cinema si è trasformata in forza «centripeta», mentre prima cioè il tema non era sviluppato in sé e nei suoi valori reali, oggi, col neorealismo, si tende a riportare tutto al sistema fondamentale.

2. che mentre prima il cinema aveva sempre raccontato la vita nei suoi momenti più appariscenti ed esterni, e un film era in sostanza una serie più o meno ben congegnata di fatti colti in questi momenti, oggi il neorealismo afferma che ognuno di questi fatti, anzi ognuno di questi momenti, contiene da solo materia sufficiente per un film.

Il cinema cioè, che era stato un fatto allusivo, schematico, tende ora ad andare verso l'analisi. O piuttosto a una sintesi dentro l'analisi.

Facciamo un esempio. Mentre prima dell'avventura di due esseri che cercavano casa si considerava solo il primo momento (l'aspetto esterno, l'azione) e si passava subito ad altro, oggi si può affermare che il semplice fatto di cercar casa può costituire l'argomento di un film, qualora – s'intende – questo fatto venga scandito in tutti i suoi momenti con tutti gli echi e i riflessi che ne derivano.

Naturalmente oggi siamo ancora lontani dalla vera analisi e si può parlare di analisi solo in confronto alla grossolana sintesi della produzione corrente.

Per ora siamo piuttosto in un «atteggiamento» analitico: ma già in questo atteggiamento c'è un potente movimento verso le cose: un desiderio di comprensione, di adesione, di partecipazione, di convivenza, insomma.

Da quanto detto risulta che il neorealismo ha intuito che il cinema – contrariamente a quello che si era fatto fino alla guerra – doveva raccontare fatti minimi senza alcuna intromissione della fantasia, sforzandosi di scandirli in quello che di umano, di storico, di determinante, di definitivo essi contengono.

In sostanza oggi non si tratta più di far diventare «realtà» (far apparire vere, reali) le cose immaginate, ma di fare diventare significative al massimo le cose quali sono, raccontate quasi da sole. Perché la vita non è quella inventata nelle «storie», la vita è un'altra cosa. E per conoscerla è indispensabile una ricerca minuziosa e continuata, parliamo finalmente di pazienza.

Ecco che è necessario precisare un altro punto di vista.

Secondo me il mondo continua ad andare male perché non si conosce la realtà. E la più autentica posizione di un uomo oggi è quella di impegnarsi a scandire fino alle radici il problema della conoscenza della realtà.

Per questo la più acuta necessità del nostro tempo è *l'attenzione sociale*.

Se Zavattini è certamente la maggior fonte di ispirazione del neorealismo – oltre che il suo teorico (e si vedano gli scritti dei suoi diari cinematografici) – possiamo designare quali sicuri precedenti del neorealismo altri contributi: anzitutto taluni film di Alessandro Blasetti, e primo fra loro *1860*, quando il regista romano gira nel 1933 episodi della epopea garibaldina in Sicilia, nei luoghi dove erano avvenuti i fatti d'arme e valendosi di autentici picciotti siciliani; o nel ricordato *Quattro passi fra le nuvole*, allorché il regista si avvicina con più umanità alla storia qualsiasi, profondamente malinconica, di un uomo di oggi; ma anche in *Ossessione* di Luchino Visconti, che peraltro lega una osservazione autentica del personaggio e del carattere italiano con un realismo alla francese (Visconti aveva infatti cominciato come assistente di Renoir); e inoltre con i film sulla marina e sulla guerra di Francesco De Robertis (*Uomini sul fondo*, *Alfa Tau*) assolutamente spogli di retorica, o con film dialettali come *Ultima carrozzella*, *Avanti c'è posto*, *Campo de' Fiori*, dove si affermano attori come Aldo Fabrizi e Anna Magnani, che poi saranno gli interpreti principali di *Roma città aperta*. Questi film erano anche scritti da Zavattini, Fellini, Amidei: cioè gli sceneggiatori dei primi film neorealisti del dopoguerra.

X. Il «primo» neorealismo

I maggiori registi del «primo» neorealismo sono Vittorio De Sica – il cui nome, almeno in questo periodo, sarà sempre associato a quello di Cesare Zavattini, suo costante collaboratore per gli scenari –, Luchino Visconti e Roberto Rossellini. Ma il neorealismo è fenomeno vasto che raccoglie più nomi. Presso taluni critici (Sadoul) il neorealismo prende la qualifica di vera e propria «scuola»: quella del cinema italiano del dopoguerra. Una scuola può essere definita per tale se ha almeno queste componenti ed elementi costanti: zona d'operazione, epoca, princìpi, maestri, discepoli. È fuori dubbio che nel neorealismo tutti questi elementi sono presenti. Si opera a Roma, nell'immediato dopoguerra, attingendo alla realtà, al documento, con semplicità di mezzi, sentimento corale, atteggiamento critico (cfr. paragrafi precedenti).

E se De Sica, Zavattini, Visconti, Rossellini sono da considerare i maestri, Blasetti e Camerini gli anticipatori, e Zampa, Germi, Castellani, De Santis, Vergano, con vari altri, gli appartenenti allo stesso periodo, nutriti delle stesse idee, non mancano poi i prosecutori, i fiancheggiatori, gli scolari e gli eredi.

A Roberto Rossellini, che dà la prima testimonianza delle sofferenze dell'uomo italiano durante e dopo il 1943, della sua presa di coscienza dei problemi sociali, della sua partecipazione alla Resistenza, dobbiamo alcuni dei primi e più significativi film del neorealismo. *Roma città aperta*, che è del 1944-45, segna anche la data di inizio del movimento vero e proprio. Doveva essere un documentario sul sacrificio del sacerdote romano Don Luigi Morosini, durante l'occupazione tedesca. Ma la storia fu ampliata, Rossellini girò interni dal vero in una casa di via degli Avignonesi e, non avendo corrente elettrica, attaccò i cavi al vicino stabilimento tipografico del *Messaggero* che godeva dei rifornimenti degli Alleati.

Nato nel 1906, realizzatore tra il 1936 e il 1940 di alcuni documentari, sceneggiatore nel 1938 di *Luciano Serra pilota* di Goffredo Alessandrini e nel 1942 direttore di *Un pilota ritorna*, Rossellini fa registrare i suoi primi successi con *La nave bianca*, realizzato sul meticoloso scenario di Francesco De Robertis e con *L'uomo della croce* (1942) dove la sua visione è, senza equivoci, documentaria, e nasce dalla constatazione delle sofferenze fisiche e morali della guerra. *La nave bianca* è consacrato ai viaggi di una nave-ospedale, dove feriti di tutte le provenienze trovano nel dolore una sorta di solidarietà e di intesa. *L'uomo della croce* è dedicato alla memoria di padre Reginaldo Giuliani, morto in Russia, in combattimento: la sua presenza, tra i contadini terrorizzati dalla guerra, porta un soffio di spiritualità cristiana e di calore, di solidarietà umana, in mezzo alle raffiche dei proiettili e agli slanci di fanatismo ideologico. *Roma città aperta* testimonia, al di là dei due film ora ricordati, un desiderio di libertà, una fede nella Resistenza, una presa di coscienza del progresso morale del paese, pur tra gli errori e gli orrori, che dà carattere più attuale, necessario e profetico all'emozione e al messaggio che si sprigiona dal film.

Dopo *Roma città aperta* venne *Paisà*, sulla tragedia dell'Italia del 1944 al passaggio degli eserciti, la sofferenza degli abitanti e la violenza spietata degli occupanti. I diversi momenti del film, che compongono un affresco a episodi complementari, sembrano quasi messi gli uni accanto agli altri, senza un diretto nesso logico, con assoluta, apparente noncuranza. È rivedendo lo stesso procedimento, col disprezzo del «nesso logico», nella *Dolce vita* di Fellini che ci si accorge ancora meglio della novità del linguaggio di Rossellini. Il documento si alterna al racconto: ma c'è tra l'uno e l'altro un filo invisibile che li unisce e che è dato dalla realtà.

Sono sei episodi. Una ragazza, durante lo sbarco americano in Sicilia, insegna la strada agli americani, resta con uno di loro e lo vede morire per mano tedesca: a sua volta si ribella ai nazisti e resta uccisa. Ma nessuno sa quello che è veramente accaduto tra l'americano e la ragazza, la ragazza e i tedeschi; e i commilitoni che scoprono il morto sono propensi a credere al tradimento della «sporca ragazza italiana».

Poi a Napoli. Un bimbo si accaparra un soldato negro e lo depreda. Più tardi è ritrovato, condotto per mano dai genitori perché lo puniscano. Ma i genitori, tra gli sfollati delle grotte di Mergellina, non ci sono più. Perché? Perché sono morti. Chi li ha uccisi? «I bbòmbe». Il soldato negro scappa: non ha più il coraggio di dire qualcosa ad Alfonsino. Si sente responsabile come lo sono tutti, come siamo un po' tutti. L'episodio raggiunge un punto estremo di emozione e di significazione, coi mezzi più semplici.

Altri incontri, tra una «segnorina» e un carrista, a Roma, tra una crocerossina alleata e un partigiano italiano che muore, a Firenze. Poi l'episodio del convento, in Romagna, dove i frati, in refettorio, davanti a tre cappellani americani, uno cattolico, uno protestante, uno israelita, danno ingenua dimostrazione di fede francescana, di una religiosità remota ed essenziale, nel loro «fioretto» – il digiuno perché i non cattolici possano convertirsi – che raggiunge un'altra nota profonda di spiritualità. Infine alle foci del Po, dove i partigiani combattono contro i tedeschi e vengono sgominati dal nemico soverchiante, fucilati e gettati nell'acqua, davanti a un gruppo di ex prigionieri americani ricatturati, i quali, difesi dalle leggi di guerra, possono sfuggire alla morte. Soltanto i partigiani – i fuorilegge – finiscono miseramente, come carogne di bestie, con un cartello che reca la scritta: «Partigiano».

Sono le pagine più toccanti che ci abbia dato il cinema italiano del dopoguerra. Ne nasce un senso di disperazione profonda, un canto funebre acuto e commovente nel quadro tragico della guerra vissuta, da una città all'altra, tra gli stenti, i pericoli, le miserie, le angosce, gli eroismi, le morti più assurde.

XI. La concezione «neorealista» di Roberto Rossellini

Qual è l'idea che Rossellini ha del neorealismo?

Una maggiore curiosità per gli individui – ha affermato lui stesso – un bisogno, proprio dell'uomo moderno, di presentare le cose come sono, di rendersi conto della realtà, direi in una maniera spietatamente concreta, conforme all'interesse, tipicamente contemporaneo, per i risultati statistici e scientifici. Una sincera necessità, anche, di vedere con umiltà gli uomini quali sono, senza ricorrere allo stratagemma di inventare lo straordinario. Una coscienza di ottenere lo straordinario con la ricerca. Un desiderio infine, di chiarire se stessi e di non ignorare la realtà, qualunque essa sia, cercando di raggiungere l'intelligenza delle cose.

V'è tuttavia chi pensa al neorealismo come a qualcosa di esteriore, come a una uscita all'aperto, come a una contemplazione di stracci e di sofferenze. Per me non è che la forma artistica della verità. Quando la verità è ricostituita, si raggiunge l'espressione. Se è una verità spacciata, se ne sente la falsità, e l'espressione non è raggiunta. Con questi concetti, naturalmente, io non posso credere al film di trattenimento qual'è inteso presso certi ambienti industriali, anche extraeuropei, se non come a un film parzialmente accettabile, in quanto parzialmente capace di raggiungere la verità.

Oggetto del film neorealistico è il *mondo*, non la storia, non il racconto. Esso non ha tesi precostituite perché nascono da sé. Non ama il superfluo e lo spettacolare, che anzi rifiuta, ma va al sodo. Non si ferma alla superficie, ma cerca i più sottili fili dell'anima. È, in breve, il film che pone e si pone dei problemi; il film che vuol far ragionare. Noi ci siamo messi, nel dopoguerra, proprio di fronte a questo impegno. Per noi contava la ricerca della verità, la rispondenza con la realtà. Per i primi registi italiani, detti neorealisti, si è trattato di un vero e proprio atto di coraggio. Poi, dopo gli innovatori, sono venuti i volgarizzatori. Non avevano da trasformare niente e forse arrivavano a esprimersi meglio, portavano il neorealismo a una comprensione più larga.

Se guardo a ritroso i miei film, indubbiamente vi riscontro – anche se non ho formule e preconcetti – degli elementi che sono in essi costanti, che vi sono ripetuti non programmaticamente, ma naturalmente. Anzitutto la *coralità*. Il film realistico, in sé, è corale. I marinai di *Nave bianca* contano quanto i rifugiati dell'isba del finale di *L'uomo della croce*, quanto la popolazione di *Roma città aperta*, quanto i partigiani di *Paisà* e i frati del *Giullare*.

La *Nave bianca* è un esempio di film corale: dalla prima scena, quella delle lettere dei marinai alle madrine, alla battaglia, ai feriti che assistono alla messa o che suonano e cantano. V'era in questo film anche la crudeltà spietata della macchina nei confronti dell'uomo: l'aspetto non eroico dell'uomo che vive dentro la nave, in guerra, che agisce quasi restando all'oscuro, in mezzo alle misure, ai goniometri, alle ruote e alle manovelle di manovra. Aspetto non eroico e non lirico, apparentemente, epperò spaventosamente eroico.

LA CONCEZIONE «NEOREALISTA» DI ROBERTO ROSSELLINI 43

Poi la maniera *documentaria* di osservare e analizzare: e questo l'ho appreso nei miei primi cortometraggi per continuare anche in *Paisà*, in *Germania anno zero* e in *Stromboli*.

Quindi il ritorno continuo, anche nella documentazione più stretta, alla *fantasia*, poiché nell'uomo c'è una parte che tende al concreto e un'altra che si spinge verso l'immaginazione. La prima tendenza non deve soffocare la seconda. Ed ecco quel che di fantastico, di favoloso, è nel *Miracolo*, nella *Macchina ammazzacattivi*, nello stesso *Paisà*, se volete, come pure nel *Giullare*, con la pioggia iniziale, col fraticello sbatacchiato dai soldati, con Santa Chiara vicino alla capanna. Anche il finale, qui, doveva avere, nella neve, una propria apparenza fantastica.

Infine *spiritualità*: e non alludo tanto alla religiosità di *Stromboli* e alla invocazione alla autorità divina della protagonista, nel finale, quanto proprio ai temi da me svolti anche prima. Come negare infatti che vi sia una stessa spiritualità in *Nave bianca*, in *L'uomo della croce*, in *Paisà* e nel *Giullare*, nel *Miracolo*?

È indubbio, comunque, che ho cominciato puntando, anzitutto, sulla *coralità*. Era la guerra stessa che mi spingeva: la guerra e la resistenza sono corali in sé. Se dalla coralità poi sono passato alla scoperta del personaggio, come è il caso del bambino di *Germania anno zero* e della profuga di *Stromboli*, questo rientra nella naturale evoluzione della mia attività di regista.

Sulla sua concezione neorealistica, Rossellini ha dato successivamente altri chiarimenti nei colloqui coi redattori di *Cahiers du cinema*.

Per me il neorealismo è soprattutto una posizione morale. Diviene poi posizione estetica, ma in partenza è morale. In *Nave bianca* avevo la stessa posizione morale di *Roma città aperta* [...] Parto con la ferma intenzione di evitare i luoghi comuni, penetrando all'interno delle cose. L'importante non sono le immagini, ma le idee [...] Bisogna cominciare con l'inchiesta, con la documentazione, per passare poi ai motivi drammatici, ma per rappresentare le cose come sono, per restare sul terreno della sincerità. Occorre che il cinema insegni agli uomini a conoscersi, a riconoscersi gli uni con gli altri, invece di continuare sempre a raccontare la stessa storia. Oggi non si fanno più che variazioni sullo stesso tema. Tutto ciò che si può sapere sul furto, lo abbiamo imparato. Tutto quello che si può sapere sulla rapina. Tutto quello che si può sapere sul sesso. Non come è veramente, intendiamoci, ma nei suoi lati che conosciamo tutti. La morte, la vita, il dolore, che significano? Tutto ha perduto il proprio significato reale. Bisogna cercare, lo ripeto, di rivedere le cose come sono, non in maniera plastica, ma reale. Qui senza dubbio è la soluzione. Allora forse potremo cominciare a orientarci.

Interpretata come nessuno avrebbe potuto fare con tanta aderenza la realtà italiana, Rossellini si reca in Germania, sul corpo dell'immane Wotan che ha ridotto l'Europa in rovine e che ora espia le proprie colpe, dopo la disfatta, dell'«anno zero». Una Germania di nazisti ancora non disinfestati, di città mutilate, di famiglie in lutto, di ragazzi avvelenati dall'ideologia hitleriana, di un'umanità smarrita, dove il piccolo Edmund, solo, anelante la morte per l'assassinio del proprio padre, ritenuto bocca inutile, diventa vittima e simbolo. Il film – il cui soggetto potentemente drammatico, crudamente realistico, è dello stesso regista – ha una parte iniziale affrettata ed episodica, di scarsa importanza a confronto col reportage sulla realtà – e col dramma intimo del fanciullo – che lo sopravanzano e diventano i perni del film. Si avverte che il regista vuole arrivare alla sequenza della fuga di Edmund in cerca di un rifugio e poi della morte. È quella che sente di più e che sa far sentire di più: e dalla quale si sprigiona – sotto forma di drammatica cineattualità sulla condizione della Germania vinta – il significato che Rossellini vuole imprimere a questo film: messaggio di pace e di fratellanza umana, di affermazione della personalità al di sopra dei crimini, degli errori, delle malvagità, della incomprensione e della violenza; ma un significato anche in cui è l'invito, per chi ha sbagliato, a riconoscere le proprie colpe, senza di che non può esserci vera intesa umana, vero superamento di una profonda crisi comune.

L'ispirazione di Rossellini matura in sede di sceneggiatura o di ripresa? Crede in una sceneggiatura inamovibile, «di ferro», come la definiscono alcuni teorici, o nella improvvisazione? Lasciamo a lui stesso la risposta:

Se pensiamo a un film di trattenimento, può essere giusto che si tratti di sceneggiatura di ferro. Col film neorealistico, che pone dei problemi e cerca la verità, non si può procedere con gli stessi criteri. Qui è l'ispirazione che giuoca la parte preponderante. Non è più la sceneggiatura, di ferro, ma il film. Lo scrittore stende un periodo, una pagina, poi cancella. Il pittore adopera un colore carminio, poi passa sopra una pennellata di verde. Perché anch'io non dovrei cancellare, e rifare, e sostituire? Ecco perché la sceneggiatura, per me, non può essere di ferro. Se la considerassi tale, mi riterrei uno scrittore, non un regista. Ma io non sono uno scrittore. Io realizzo dei film.

L'argomento di ogni mio film è da me lungamente studiato e meditato. La sceneggiatura viene stesa, poiché sarebbe assurdo voler inventare tutto all'ultimo momento. Ma gli episodi, i dialoghi, la scenografia stessa, sono adattati giorno per giorno. Questa è la parte dell'ispirazione nel disegno prestabilito del film. Infine si arriva al panorama esatto di ciò che sarà la scena da girare. I preparativi si compiono. Tutto è predisposto e previsto: a questo punto, mi si lasci dire, comincia quella che io considero la parte più scocciante della realizzazione di un film, la parte dannata.

Il mio nemico diventa il soggetto, finché mi costringe. Odio il *nesso logico* del soggetto. I passaggi cronachistici sono necessari per arrivare al fatto; ma io sono naturalmente portato a sostituirli, a infischiarmene. E questo è, lo ammetto, uno dei miei limiti: l'incompletezza del mio linguaggio. Francamente, vorrei realizzare soltanto certi episodi conchiusi. Quando sento che l'inquadratura che giro è importante per il nesso logico, non per quello che mi preme dire, allora la mia impotenza si rivela; e non so più che fare. Quando, viceversa, è una scena importante, essenziale, allora tutto diventa facile e semplice.

Realizzando film a episodi mi sono trovato più a mio agio. Perché ho potuto evitare in tal modo quei passaggi che, come ho detto, sono utili per una narrazione continua, ma proprio per questa loro qualità di episodi *utili*, non *decisivi*, mi sono – Dio sa perché – supremamente fastidiosi. Io non mi trovo bene che là

LA CONCEZIONE «NEOREALISTA» DI ROBERTO ROSSELLINI

dove posso evitare il nesso logico. E restare nei limiti prestabiliti dalla storia, infine, è per me la fatica maggiore.

Si spiega così come egli si impegni in certi episodi e ne trascuri altri, di un certo peso, nella costruzione drammatica di un determinato film, pure da lui quasi tirati via.

È esatto che ogni film che realizzo mi interessa per una determinata scena, per il finale, magari, che ho già in mente. In ogni film io vedo l'episodio cronachistico, come potrebbe essere la prima parte di *Germania anno zero* o la scena della corsia dell'ospedale di *Europa '51*, e il fatto. Tutta la mia preoccupazione non è che arrivare a tale fatto.

Gli altri, gli episodi cronachistici, mi rendono come balbettante, distratto, estraneo. Sarà una mia incompletezza, ma devo confessare che un episodio che non è di capitale importanza mi infastidisce, mi stanca, mi rende addirittura impotente. E *Germania anno zero*, se debbo essere sincero, è nato proprio per l'episodio del bimbo che vaga solo tra le rovine. Tutta la parte precedente non mi interessava minimamente. Anche *Il miracolo* è nato per l'episodio dei barattoli di latta. E per l'ultima parte di *Paisà* avevo in testa quei cadaveri che passavano nell'acqua, lentamente naviganti sul Po, col cartello che recava la scritta «Partigiano». Il fiume ha portato per mesi quei cadaveri. Era facile incontrarne diversi, nello stesso giorno.

In una confessione a *Cahiers du cinema* Rossellini si pronuncia contro «l'ipocrisia dello scenario»:

Io possiedo, lucida, nella mente, la *continuity* dei miei film. Ne porto il ritmo in me. Sono pieno di appunti e tuttavia non ho mai capito bene la necessità di avere uno scenario se non per rassicurare i produttori. Non c'è niente di più assurdo che la colonna di sinistra: piano americano – carrello laterale – panoramica. È un po' come se uno scrittore facesse lo scenario del suo romanzo: a pagina 212, un imperfetto congiuntivo, poi un complemento oggetto indiretto, e così via. In quanto alla colonna di destra, sono i dialoghi: io non li improvviso sistematicamente, sono scritti da molto tempo e se io li do all'ultimo momento è perché voglio che l'attore – o l'attrice – non ci si abituino. Questo dominio sull'attore lo ottengo provando poche volte e girando rapidamente, senza troppe riprese.

E in altra occasione spiega, sulla stessa rivista, dove nacquero le sue divergenze con i produttori americani di *Stromboli*:

Mi opposi formalmente alla necessità dello scenario prestabilito per le ragioni che ho detto cento volte. Eccole:
a. Dato che giro in interni veri e in esterni senza «ricognizione» preventiva, non posso che improvvisare la mia messa in scena in funzione dell'ambiente in cui mi trovo. Quindi, la colonna di sinistra dello scenario resterebbe bianca, se dovessi stenderne uno.
b. Scelgo i miei «attori di complemento» sul posto, al momento delle riprese; non posso quindi, prima di averli visti, scrivere un dialogo che suonerebbe forzatamente teatrale e falso. La colonna di destra resterebbe anch'essa bianca...;
c. Infine, credo molto all'ispirazione del momento...

XII. Favola e realtà

Nel 1948 Eduardo De Filippo suggerì a Rossellini un canovaccio da commedia dell'arte. Un fotografo riceveva dal diavolo un apparecchio fotografico capace di uccidere ogni persona di cui fosse ritratta l'immagine. Celestino, il fotografo, un uomo spesso deluso e che vorrebbe eliminare tutti i malvagi, ma che è anche incapace di distinguere fra lecito e illecito, dapprima si vale della portentosa macchina, poi, atterrito dallo strumento che ha in mano, è tentato di sopprimere se stesso, e chiede al diavolo di privarlo di quel portento, che non può realizzare la vera giustizia. Da questo terzetto nacque *La macchina ammazzacattivi* realizzato con poca spesa tra la fine del '48 e gli inizi del '51.

L'esperienza neorealistica, anche se i significati in questo caso sono un po' confusi, e tutto si riduce a un vago desiderio di giustizia impossibile a realizzarsi, giova a Rossellini, che continua a valersi dei «tipi» – scegliendo i suoi personaggi soltanto in base al loro «fisico» –, insiste sul paesaggio del *Miracolo*, forse esagera nella fiducia delle proprie qualità di improvvisatore. La commedia di trattenimento, lo ha detto lui stesso, esige una previsione del film più minuta, uno scenario meglio elaborato. Non bastano le scalette e i trattamenti sommari quando ci si allontana dal documentario. L'applicazione dei suoi metodi disinvolti nel grottesco defilippiano non pare sempre attuarsi felicemente: il montaggio del film non viene compiuto che quattro anni più tardi e non senza difficoltà. In molte parti *La macchina ammazzacattivi* resta opera appena abbozzata, ma non manca di una vivacità popolaresca e di una vena poetica. È una delle prime commedie in chiave neorealistica, anche se prevale la favola, e preannuncia l'inserimento, a volte fruttuoso, dello stesso Eduardo, nel filone realistico italiano, dove brillerà una *Napoli milionaria*.

È il momento fiabesco, in Rossellini, e apparirà più evidente in *Francesco giullare di Dio*. Aldo Fabrizi partecipa al film nei panni del tiranno Nicolaio, ma i veri protagonisti sono i fraticelli – tipi, non attori – che contribuiscono con la loro semplicità, con la loro umiltà, col loro sforzo di comunicazione degno di «giullari di

FAVOLA E REALTÀ 47

Dio», a restituirci – con un realismo afferrato prodigiosamente al di fuori del tempo – l'atmosfera, lo spirito, la vitalità spirituale, insieme alla rozzezza, alla assurdità e magari alla follia dei francescani del tredicesimo secolo.

I «fioretti» si succedono con la stessa episodicità di *Paisà*.

Sono quasi i buoni frati dell'episodio bolognese di questo film a indirizzare prima la curiosità, poi la ispirazione di Rossellini verso il mondo spirituale, profondamente poetico, oltre che umano, del fraticello di Assisi e dei suoi compagni.

Le vicende sono in assoluta corrispondenza con la realtà, pur se il regista mira a un risultato che, nella semplicità, partecipi dell'eternità. Anche il costume che riesce a non essere costume è usato in questa direzione, mentre la scenografia non esiste, come dice Virgilio Marchi a proposito della sua collaborazione con Rossellini, se non come approfondimento della realtà, come penetrazione intima delle cose e come annullamento nell'opera della regia. Ed è quanto suggerisce anche la scelta, per *Francesco*, della piazza di Sovana, «città le cui rovine stanno ai confini della immaginazione medioevale».

La favola francescana non lo allontana dalla realtà, e Rossellini immagina Francesco realisticamente, proprio come umanamente doveva essere. Gli avvenimenti narrati sono storici, e ogni elemento visivo che concorre alla composizione è vagliato alla luce del realismo. Nel film cerca di rivelare un aspetto di Francesco che è nuovo, ma non al di fuori della verità biografica. Sa cogliere, attraverso i diversi episodi, la santità e la innocenza dei frati di Francesco, la loro purezza assoluta, il loro istinto immateriale. Possiamo arrivare anche a ridere di loro, noi spettatori, ma sappiamo che soltanto essi sono vicini alla *perfetta letizia*. Nicolaio che tormenta Fra' Ginepro diventa un mostro. E Ginepro che sopporta è il vero eroe, il vero santo, trionfatore. La natura fornisce a Rossellini lo sfondo poetico di una serie di affreschi che, anche se in qualche momento – forse la recitazione esagerata di Nicolaio – rivelano qualche forzatura, partecipano in ogni caso all'opera eccezionale, di altissima spiritualità e la fanno coincidere col capolavoro.

Gli undici episodi sono desunti dai *Fioretti* e la scelta sa cogliere lo spirito genuino della vita e del messaggio d'amore, di pace e di libertà del poverello di Assisi. Si comincia con «Rivotorto occupato dall'asino». Francesco, tornando nella notte piovosa da Roma con i compagni, dopo aver ottenuto dal papa il permesso di predicare, trova la sua casupola occupata da un contadino col suo amico. Il contadino, senza tanti complimenti, mostra il bastone ai fraticelli, i quali per riscaldarsi cominciano a lodare il Signore cantando sotto la pioggia fino all'alba.

Segue «La nuova casetta e frate Ginepro». I frati costruiscono un'altra capanna accanto alla Porziuncola. Nella loro umiltà l'hanno costruita talmente piccola che Francesco è costretto a segnare sul muro il nome dei compagni, perché ognuno sappia qual è il suo posto. Mentre i frati cantano le gioie della vita fraterna, Fra' Ginepro si presenta tutto nudo. Egli ha regalato a un poverello la sua tonaca. Francesco, pur lieto per tale esempio di carità, gli comanda per santa obbedienza di non dare più la tonaca a nessuno.

In «Preghiera di Francesco e arrivo di Giovanni il semplice» Francesco, che sta raccolto in preghiera mentre gli uccelli gli volano intorno, acquista in Giovanni un nuovo compagno. In «Elogio di Frate Fuoco» lascia bruciare il mantello dalle fiamme, come ammirato. Nella «Meravigliosa cena con sorella Chiara» è l'incontro di Francesco con Chiara davanti a una tavola imbandita con qualche pezzo di pane, e in «Francesco bacia il lebbroso» è l'incontro con il lebbroso.

Fra' Ginepro vuole andare a predicare e cuoce maldestramente «Un pranzo per quindici giorni». La «Carità di Frate Ginepro» arriva fino a tagliare il piede a un porco per farne elemosina a un frate infermo. Ma il porcaro se ne lamenta, finché Ginepro, nel chiedergli scusa, lo convince a regalare ai frati l'intero porco.

Nella «Nuova terribile avventura dell'ingenuo Frate Ginepro» assistiamo all'episodio del tiranno Nicolaio, la cui ferocia è vinta dalla mansuetudine del fraticello. «Dov'è la perfetta letizia»: Francesco insegna a Frate Leone che sopportare le ingiurie e le botte è esempio di perfetta letizia. Infine «Molte sono le vie del Signore»: dato addio alla Porziuncola, Francesco si dirige con i frati verso il quadrivio ove si separeranno per andare per il mondo a predicare. Arrivati al quadrivio, i compagni chiedono a Francesco quale sia la via da prendere. Francesco li fa girare su se stessi finché tutti cadono a terra. E ognuno riprende a camminare verso la direzione in cui è caduto.

Nato di istinto in mezzo alla tragedia immane che ci ha tormentati e che nel dopoguerra non si è ancora placata, cercando di insinuarsi nella vita di ognuno in forme e veleni ancor più sottili, il film rappresenta l'ispirazione di un poeta, il suo dolore interiore, verso un bene lontano che è perduto e che desta rimpianto. La affermazione di un ideale cristiano coincide con la vera libertà. Rossellini ricerca il significato di un messaggio lontano, lanciato da uomini semplici e ingenui, pervasi di santità, la cui azione cor-

FAVOLA E REALTÀ   49

rispondeva esattamente al loro pensiero e alla loro maniera di essere. I *Fioretti* di Rossellini compongono un quadro audace e insieme vero, di fraternità perfetta, vissuta nell'atmosfera di un comunitarismo evangelico.

I fraticelli che Rossellini ha scelto riescono a ricreare, nella loro anonimità, quelle meravigliose creature vive di cui i *Fioretti* ci testimoniano l'esistenza e che Rossellini ci restituisce in un quadro reale. La loro presenza, i loro gesti ingenui, ci danno l'immagine della gioia pura e della serenità vera, scaturite dalla povertà volontaria e dal sacrificio, in una vittoria della dolcezza contro la forza, della semplicità contro la malizia, della follia contro il calcolo.

L'umiltà del neorealismo, che è tale anche nella semplicità e sincerità dei mezzi espressivi, trova in meravigliosa affinità una viva fonte di ispirazione nelle vicende di Francesco e dei suoi compagni. L'itinerario spirituale di Rossellini tocca indubbiamente in questo film le sue punte più alte, al puro cospetto di Dio e dell'eternità.

Con *Il generale Della Rovere* e *Era notte a Roma* si può parlare a ragione di un ritorno alle origini, dopo le esperienze di viaggiatore (in *India*), dopo le ricerche dello spirito, dopo le più remote vacanze di un umorismo ora dolce e giullaresco (come in *Francesco*), ora macabro (come in *Macchina ammazzacattivi* e *Dov'è la libertà*). Un ritorno ai temi che hanno fatto la sua fortuna e che hanno rivelato il neorealismo italiano; ma non più in chiave documentaristica diretta, bensì sul tessuto di un realismo documentato, ricostruito.

Il generale Della Rovere (desunto da un racconto di Indro Montanelli, basato su elementi reali) ci fa tornare in pieno nel mondo di *Roma città aperta*. Protagonista è un imbroglione di nome Bertone, impersonato da Vittorio De Sica, che finge di aiutare i patrioti ed è assoldato da un dirigente della polizia hitleriana (Hannes Messmer) col nome di un ufficiale italiano ucciso, per scoprire l'identità di un patriota, Fabrizio, che dirige la lotta clandestina ed è stato arrestato, ma di cui nessuno conosce l'identità. Nella prigione, di fronte agli orrori delle persecuzioni e delle torture, Bertone sente risvegliarsi un patriottismo sincero, tanto da fargli prendere sul serio la parte che si è imposta. E muore da eroe, fucilato con altri appartenenti alla Resistenza, inneggiando alla patria. (Un altro esempio, dunque «di quell'aspetto giullaresco che è in ognuno di noi, e del suo contrario».)

La narrazione è lineare e più fluida, meglio architettata, rispetto ad alcuni precedenti film del regista. L'epoca della Resistenza è rievocata con misura e assenza assoluta di retorica. De Sica compone un carattere a tutto tondo, anche se sceglie toni apparentemente gigioneschi, sia nella parte iniziale, quando Bertone ricorre a tutti i mezzi per far denaro, che in quella finale, allorché le qualità istrioniche dell'imbroglione, pronto a tutti i trucchi e a tutte le menzogne, si nobilitano nella parte del generale magnanimo, lontano da meschinità, che chiude la propria esistenza come un eroe. La presenza del generale caratterizza tutto il film e ne fa quasi un monologo desichiano, cui gli incontri col comandante tedesco Muller offrono motivi sempre nuovi. Messmer non è da meno di De Sica. Rossellini lo fa parlare nel suo cattivo italiano, e lascia sviluppare spontaneamente la sua recitazione, secondo il proprio collaudato metodo, ottenendone una caratterizzazione convincentissima. La pellicola ha splendide pagine nella parte girata nelle carceri e si illumina, qui, della sofferenza dei prigionieri, della loro fierezza, del loro patriottismo.

L'episodio dell'allarme aereo è un persuasivo pezzo realistico, dai suggestivi effetti sonori, che coopera efficacemente a estrarre la complessa psicologia del protagonista e a trasformarla: fatta com'è di umanità e di finzione, di reazioni che alternano la spontaneità alla commedia, che identificano l'imbroglione e la vittima, l'attore e l'eroe.

Era notte a Roma venne realizzato nel 1960. Come molte altre pellicole di Rossellini, porta, per il soggetto, la firma di Sergio Amidei. È una vicenda che ci riconduce in pieno nel mondo di *Roma città aperta*, questa volta con un gruppetto di ex prigionieri alleati, un russo, un americano, un inglese, che cercano di sfuggire alla cattura, in un paese che non è il loro, cercando di superare ogni barriera e prima di qualsiasi altra quella linguistica. È una Roma nota, ma anche una Roma che il regista cerca, come ogni volta, di riscoprire, questa volta con gli occhi degli stranieri che si celano ai tedeschi: la Roma dei palazzi gentilizi, degli oratori, della onnipresente cupola di San Pietro, la Roma chiassosa di Tor di Nona e la Roma degli innumerevoli e dolci accordi di campane: una Roma alla quale l'ufficiale inglese (Leo Genn), dopo esserci vissuto anche col pericolo imminente delle SS non può non guardare con sottile nostalgia.

Rossellini, come ha già fatto altre volte, affratella uomini di provenienze le più diverse (sono suoi attori anche Sergej Bondarčuk, il russo, Peter Baldwin, l'americano, Enrico Maria Salerno e Paolo Stoppa con Leo Genn, Hannes Messmer e Giovanna Ralli) e li mette in comunicazione («non siamo estranei l'uno all'altro», sono costretti a pensare), fa vibrare l'atmosfera dell'occupazione coi fremiti di ribellione, con le riunioni clandestine, l'eco degli avvenimenti esterni – di azione, di disperazione e di orrore – che giungono nei luoghi più distanti dal conflitto, dove dovrebbero essere solo spiritualità e meditazione. La notizia dell'eccidio delle Fosse Ardeatine, pervenuta nell'Oratorio di San Salvatore in Lauro, durante la permanenza in refettorio dei religiosi e di coloro cui essi han dato rifugio, riconduce inevitabilmente alla memoria i frati di *Paisà*: l'arresto dei preti dal bianco colletto non può non far tornare alla mente altre ferme figure di sacerdoti dei film rosselliniani.

Sono episodi con cui il regista fa presa sicura – nella seconda parte del film – anche se rischia, nella prima parte, di ripetersi.

Il racconto è meno avvincente laddove certe scene preparatorie sono condotte con estenuante lentezza; ma offre taluni motivi di interesse anche dal lato tecnico: a esempio quando la speciale lente da lui usata, il «pacinor» – vero «microscopio psicologico», lo definisce – consente di isolare nell'inquadratura iniziata in campo lungo un determinato personaggio, o di accompagnarlo, senza stacchi, quasi per non perdere nessuno dei suoi spostamenti e delle sue intenzioni.

Con *Era notte a Roma* – dedicato apertamente alla «distensione» in un momento in cui l'umanità rifiutava la «guerra fredda» e cercava comprensione e concordia – Rossellini riconferma la sua vocazione di poeta civile, di saggista di eventi corali, di sentimenti essenziali, di fatti che riguardano la collettività, e si dimostra ancora una volta «cronista lirico di grandi eventi civili» come lo definì Renzo Renzi in una sua presentazione del film. È un tema civile anche quello prescelto per il suo ultimo film a episodi, dedicato a Garibaldi e alla sua epopea: *Viva l'Italia!*. (Gli episodi del film, concepito alla maniera di *Paisà*, sono: la partenza da Quarto, la battaglia di Calatafimi, la presa di Palermo, lo sbarco in Sicilia, l'ingresso a Napoli e la battaglia del Volturno). È ancora il suo particolare sentimento dei grandi avvenimenti storici, corali, e la capacità di riesprimerli, vivendoli intimamente, sentendoli e ricreandoli dal di dentro, dopo averne colto l'essenza e l'anima. «Da una posizione morale, ritrarre il mondo morale.» Così fu per Francesco: così vuole che sia per Garibaldi.

Vanina Vanini e *Viva l'Italia* fecero maturare in Rossellini il senso del film storico. Ce ne darà esempio magistrale in *Presa di potere da parte di Luigi XIV*, su soggetto di Philippe Erlanger, uno specialista della storia dei re di Francia. Non cerca, il film, prodotto per la televisione francese, che ricostruire i fatti. Non si fa romanzo: quel che v'è di romanzesco, di pittoresco, appartiene alla vita. Siamo davanti a un saggio come quello di Prosper Mérimée sulla «Notte di San Bartolomeo». «Nella storia – dice Méri-mée, – amo l'aneddoto, e fra gli aneddoti preferisco quelli ove mi sembra di ritrovare una rappresentazione veritiera dei costumi e dei caratteri di un'epoca...» Nella *Prise de pouvoir* gli incontri-scontri fra Luigi XIV e la regina madre, i rapporti fra re e nobili, la vita quotidiana a corte e in privato, sono fatti, episodi meticolosamente ricostruiti: fondamentali per comporre il personaggio, così suggestivi nella rievocazione, che diventano «attrazioni» nel film, tutto saggio, tutto ricostruzione scientifica. La sceneggiatura funziona magnificamente, e qui il merito va in gran parte attribuito all'Erlanger. La «produzione» è esemplare sotto il profilo dell'architettura tecnico-organizzativa e artistica del film: che prova una compostezza, una economia espressiva, un accanimento documentario, un approfondimento ottenuto tutto con mezzi drammaturgici che in passato non fu sempre una delle qualità più vistose di Rossellini: del quale possiamo anche ricordare opere incomplete, non rifinite, come non è proprio il caso di *La prise de pouvoir*.

I fatti rappresentati prendono le mosse dal 1661, anno della morte di Mazarino. Il giovane re è intenzionato a liberarsi dell'egemonia dei parenti, dei ministri e dei nobili. Vuol fare «di questo Stato una realtà». Fa arrestare Fouquet, valendosi di Colbert che già era stato braccio destro di Mazarino, idea un lucido e preciso programma per concentrare il potere nelle sue mani, riduce i nobili a suoi schiavi nella dorata prigione di Versailles. E limitando il potere dei nobili consente l'ascesa della borghesia e il miglioramento delle condizioni di vita dei contadini.

La fedeltà dell'esposizione storica permette anche di ricostituire i fatti di costume (la vestizione del re, il pranzo) con una sostanziosità che diventa ammaestramento, didattica. Lo aiutano nella serietà della ricostruzione anche attori non mattatori, inventati come il Luigi XIV nelle sembianze credibili di Jean-Marie Patte, che ci dà l'immagine di ciò che il re Sole veramente era: bassotto, fisicamente un po' duro e rozzo, apparentemente mediocre se non addirittura goffo.

Il saggio storico conferma l'atteggiamento già assunto da Rossellini verso la storia, a esempio in *Viva l'Italia!*. Il suo Luigi è una rivelazione rispetto al cliché consueto del re Sole, come il suo Garibaldi era stato una reazione rispetto alla retorica tradizionale sull'eroe dei Mille. La semplicità di Luigi XIV è quella di Garibaldi, come del Francesco dei *Fioretti*.

Nel finale in cui il re, abbandonati i cortigiani, tolta la parrucca, spogliatosi delle decorazioni, dei nastri e dei fiocchi, si dispone

FAVOLA E REALTÀ   53

solitario a scorrere le pagine di un libro, si avverte anche la presenza e l'atmosfera della grande letteratura francese. Quell'uomo fisicamente un po' grezzo, tracagnotto, non si sa quanto delicato di animo, che ora studia, che medita, appare perfino in luce poetica.

Ottenuti vivi consensi per *La prise de pouvoir*, Rossellini non lavorerà per vari anni che per la televisione, quasi per provare la sua convinzione che il cinema è morto. E verranno gli *Atti degli Apostoli*, *Socrate*, *Cartesio*. Ma nel 1974 torna al cinema per dirigere, prima, *Anno uno*, episodico e frettoloso, basato sulla vita di Alcide De Gasperi, poi *Il Messia* (1975), didascalico e naïf, con doti di pathos e di sincerità. Rossellini morirà nel 1977, mentre sta per intraprendere la realizzazione di *Marx*.

XIII. Vittorio De Sica e «la rivoluzione della verità»

Accanto al nome di Rossellini vanno considerati di pari rilievo quelli di Vittorio De Sica e, come abbiamo già rilevato, di Cesare Zavattini, l'uno regista (e attore), l'altro ideatore di taluni dei film più significativi del neorealismo, dove più eloquente, e aderente, è la descrizione del sentimento umano degli italiani.

Se la innovazione dell'impiego di «tipi» al posto degli attori è una delle caratteristiche del neorealismo, Vittorio De Sica ne è stato assertore fin dai tempi di *La porta del cielo* (la folla dei pellegrini a Lourdes) e di *Sciuscià*. A quell'epoca Rossellini aveva già girato *La nave bianca* che nasceva – su idea di Francesco De Robertis – come film di natura documentaristica. *Roma città aperta* richiese invece la presenza di due attori dialettali: Aldo Fabrizi e Anna Magnani.

Vittorio De Sica (1901-1974) arriva alla regia cinematografica dall'attività di attore. Ha il ruolo di «primo amoroso» nelle commedie italiane 1930 e nei film di Mario Camerini (*Uomini, che mascalzoni!*). Fa le sue prime prove di regia alla vigilia della seconda guerra mondiale, basandosi in *Due dozzine di rose scarlatte* su uno di quegli stessi lavori di Aldo De Benedetti che aveva portato al successo sulla scena: poi stabilisce un sodalizio costante con Zavattini. Al fascino dell'attore, all'eleganza della recitazione, si aggiunge il richiamo alla coscienza; alla sapienza di fare spettacolo, una novità di temi e una flagrante ricchezza di contenuti. Il sodalizio dà all'opera di De Sica un orientamento più profondo e gli assicura un ruolo fondamentale nel neorealismo italiano. Con *Porta del cielo*, film su un pellegrinaggio, il mondo di De Sica si arricchisce di osservazioni e dettagli ora teneri, ora crudeli, ora ironici; *Sciuscià* vede l'infanzia attraverso la tragedia della guerra; *Ladri di biciclette* è un dramma profondo della solitudine con un rifiuto di piacere, innalzando un tema qualsiasi – il furto di una bicicletta – a rango di tragedia. Entrano con questo film nell'opera di De Sica grandi temi sociali, che fanno la forza della sua opera, come di tutto il neorealismo. I contrasti tra ricchezza e miseria sono il tema di *Miracolo a Milano* (che pure si

VITTORIO DE SICA E «LA RIVOLUZIONE DELLA VERITÀ» 55

distacca dal realismo ortodosso per un realismo allegorico e magico), le condizioni dei pensionati e del mondo piccolo borghese in *Umberto D.*, il problema della casa è al centro de *Il tetto*, la tenerezza di ricordi autobiografici è in *L'oro di Napoli*, ritorno all'atmosfera neorealistica della guerra e dell'occupazione tedesca in *La ciociara*.

Queste opere, che sono tra le migliori di De Sica e del neorealismo, si alternano a una intensa e sempre fortunata attività di attore, a evasioni di influenza americana (nella *Stazione Termini*, per esempio), a versioni cinematografiche di opere teatrali e letterarie (*I sequestrati di Altona*, *Il giardino dei Finzi Contini*, *Il viaggio*). *Il giardino dei Finzi Contini* descrive ammirevolmente un mondo che scompare, e il dramma, dapprima quasi inavvertito dai protagonisti, poi crescente, fino alla tragedia, delle persecuzioni antiebraiche, con una regia di impianto tradizionale – ma adeguata alla prosa fluida e lineare del romanzo di Giorgio Bassani – e piena di notazioni accurate.

L'ultimo dei suoi film, *Il viaggio* – un itinerario d'amore e di morte, dalla Sicilia al Nord – è realizzato con lo stesso stile, smorzato, ricco nei quadri d'assieme, significativo nelle scelte di paesaggio e di costume, con una recitazione pacata e nobilmente comunicativa. La novella di Pirandello su cui il film è basato non è tradotta visivamente in modo pedissequo. Dal film emana pulizia, sincerità, educazione dei sentimenti. La «memoria di ieri» non è lacrimosa e petulante ma, nell'indicare gli abusi del passato, la sottomissione e assuefazione dei figli al rigore dei parenti, le concezioni di una tradizione che parrebbe irreversibile, il film ha anche una carica critica esplicata nello stile e nei caratteri prescelti dal film.

Poiché Vittorio De Sica resterà nella storia del cinema soprattutto per la elevata serie di film appartenenti al «primo» neorealismo, da *Sciuscià* a *Il tetto*, scritti da Zavattini, non possiamo non chiederci, sulla base della generale, e giustificata, asserzione dei teorici, che il regista è l'autore del *film*, se non sia il caso di fare attenzione a una casistica più ampia, che certamente è, almeno, degna di discussione. Vi sono opere nelle quali, accanto ai grandi registi, si affiancarono anche i grandi sceneggiatori, pur non essendo il copione, beninteso, il film. Si badi ai lavori di F.W. Murnau e Carl Mayer, di Marcel Carné e Jacques Prévert, di Frank Capra e Robert Riskin, come di De Sica e Zavattini. E qui può essere non inesatto avanzare l'ipotesi che si debba parlare di *coautori*: l'uno, il regista, *autore spaziale*, l'altro, lo sceneggiatore, *autore temporale*.

La personalità di Vittorio De Sica è di una ricchezza che nel nostro cinema non ha precedenti. Vi predominano l'elemento gioioso e vitale, il senso dell'humour, ma anche, in pari misura, l'elemento amaro, il sentimento della incertezza e della delusione. Se non si colgono queste due caratteristiche contrastanti non si capisce il valore vero e il senso fondamentale della sua opera, dove l'aspetto originale, e il tratto magistrale, sono dati proprio dalla rappresentazione dei sentimenti.

In tutti i suoi maggiori film sono presenti amarezza, sentimento, ironia, in quantità tali da caratterizzarne la tematica e lo stile. È quanto riconosciamo in *Sciuscià*, in *Ladri di biciclette*, in *Miracolo a Milano*, nel *Tetto*, in *Umberto D.*, nell'*Oro di Napoli*. Vi sono anche film dove l'humour scompare ed è quando tratta i temi della guerra – come nei *Sequestrati di Altona* o nella *Ciociara* – e della persecuzione nazista, come nel *Giardino dei Finzi Contini*. E proprio qui si svela, più forte che altrove, nella sua tematica, un altro sentimento che in lui è sempre dominante: quello della famiglia e dell'unità familiare. Quando noi vediamo i Finzi Contini armoniosamente raccolti attorno alla tavola, la presenza della famiglia si impone come autentico senso di unione – diremmo più propriamente di religiosità – e con viva forza poetica.

Il sentimento della famiglia è in *Ladri di biciclette* e *L'oro di Napoli*: specialmente in quelle scene in cui Totò e i suoi subiscono la presenza del guappo. È nella descrizione iniziale dei personaggi del *Viaggio*. È nell'aspirazione dei protagonisti del *Tetto* ad avere una casa. La bicicletta, la presenza del guappo, la pensione di Umberto D., la difficoltà della coabitazione nel *Tetto*, la malattia di Adriana nel *Viaggio*, le telefonate anonime ai Finzi Contini, sono tutti gli ostacoli che si frappongono tra una vita desiderata tranquilla e le minacce continue che le avversità portano alla felicità.

Nel 1949, la presentazione di *Ladri di biciclette* alla Salle Pleyel segnò un avvenimento storico. V'era tutta l'*intelligence* francese e l'emozione che il film provocò fu enorme. Marcel L'Herbier scriveva un articolo rimasto famoso: «La Revolution de la verité», su *Opéra* (13 aprile 1949). Era una testimonianza sincera – pur con qualche concessione alla retorica – dello choc inferto, in un pubblico di «grandi firme», dalla pellicola italiana.

Rodolfo Valentino. Passato affascinante. Passato morto. Oggi Valentino è il povero operaio della Breda, quello che è stato derubato della bicicletta. Apriamo gli occhi. Guardiamo bene. Non si tratta, in definitiva, che di una rivoluzione. Fra le tante. È finito il tempo delle ciglia false, delle lacrime di glicerina, delle «vamps» con sex-appeal, dei Tarzan da salotto e degli intrecci secondo le trentasei situazioni di Gozzi o di Polti. È finito il tempo dell'assolutismo delle stelle

VITTORIO DE SICA E «LA RIVOLUZIONE DELLA VERITÀ»

miti, dei soprapprezzi in carta patinata e delle false sembianze di una drammaturgia trita. Un grande soffio salutare sale verso il film dalle vie malsane.

Lo schermo, colmo di reale, ritrova il suo vero «surreale»: una rivoluzione si compie. Da Ejzenstejn a Radvany ne abbiamo visto alcuni aspetti impressionanti. Oggi possiamo tirare le somme. Già si svaporano nella nostra memoria gli istrioni favolosi e i mostri consacrati; già si ribella la nostra sopportazione contro tante storie prefabbricate; già si altera la nostra stima per alcuni pretesi capolavori di genere nero o rosa, dove d'improvviso i nostri occhi sono accecati dalle tare specifiche del teatro di posa. Un mondo cinematografico di compiacenza e di contraffazione è processato e giudicato. *Ladri di biciclette*, semplice rivoluzionario della verità, dà a tutto questo il colpo di grazia. E questo film è – anche – un colpo della grazia.

Il cinema mondiale la attendeva come la salvezza. Senza di lei era impacciato. Intenzioni sospette, tecnica gratuita, cattive buone-parole, lo mortificavano di ampollosità. Non era forse questo il suo vero errore? Da quando il film parla, lo si rimpinza di comodità, si impastoia di vetroflex, privo d'aria libera e di contatti umani, lontano da se stesso, sedentario perché incarcerato, era fatale che si deformasse sotto l'apparente benessere. Una coltre così condensata di falsità a poco a poco ricopre l'agile cinema dell'età eroica. Un cinema di ripiego e di decadenza si è imposto sornionamente al gusto del pubblico. Un cinema di adiposità. A questa inflazione mortale il film di De Sica si oppone brutalmente come un essiccativo. Gratta, sgrassa, libera, riscolpisce. Rende il cinema al cinema. Radicale nel disegno, completo nell'esecuzione, questo film ci stringe subito come un rimorso. Ci obbliga a chiederci perché, dopo venti anni, tante occasioni sono state perdute in produzioni nate-morte allorché, per salvare l'arte del film, bastavano opere così denudate di arte (in apparenza) come questa. E finalmente, a causa di questo film «testimone», dove una vicenda senza vicenda, una via senza scenografia, una vita senza romanzo, recitano la semplice parte della verità, press'a poco tutto il quadro dei valori cinematografici sembra che debba essere riveduto [...] Ecco un film che dice molto, senza farlo pesare, che economizza i suoi mezzi per giustificare meglio i suoi fini, che trova la sua vera forza fuori di tutte le forze che non sono quelle della verità: cioè la «forza» stessa del cinema [...] Dopo la proiezione, René Clair conclude che «deve abbandonare il mestiere del regista, perché non si può far meglio in materia di cinema» (*Cinémonde*, 21 marzo). Carné ammira e arriva fino alla onorevole ammenda (*Le Figaro*). Jacques Becker, ancor più, ritiene che per lui questo film è «la sola forma d'arte cinematografica cui può credere con tutte le sue forze» (*Le Film Français*, 18 marzo).

Impulsi? Battute d'effetto? È probabile. In ogni caso, per De Sica non c'è problema. Non avrà spezzato che a parole la carriera dei suoi eminenti colleghi. Ma avrà fatto per essi, e per tutti, la rivoluzione su cui nessuno sperava. Quella, semplicissima, della «verità».

XIV. Il ruolo di Luchino Visconti

Per la nobiltà, costanza e coerenza dei risultati raggiunti, in oltre trenta anni di attività magistrale e intensa, spartita tra regie teatrali, cinematografiche e operistiche, Luchino Visconti (1906-1976) può essere considerato, e anzitutto sul piano professionale, il nostro maggior regista del dopoguerra, rinnovatore dello spettacolo italiano in ogni campo.

Il suo primo film è *Ossessione* (1943) che annuncia la rivoluzione del neorealismo. Nel 1948, allorché il fenomeno realista era già fermamente impiantato e in via di affermazione, ispirandosi ai *Malavoglia* di Giovanni Verga, realizza *La terra trema*. Il film, che presenta una famiglia di pescatori di Acitrezza, tra contrasti di lavoro e nella giusta ambizione di conquistare una dignità e un guadagno adeguato, favorendo la creazione di una cooperativa, è di impianto e contenuto prevalentemente documentaristici. Alla qualità delle immagini, sviluppate in un ritmo compassato, fino alla solennità, contribuisce l'apporto eccezionale della fotografia di G.W. Aldo.

Non è possibile dare un giudizio complessivo sull'opera di Luchino Visconti senza seguirlo contemporaneamente nei campi principali della sua attività artistica: teatro e cinema. Luchino Visconti è *autore* sia sulla scena che sullo schermo, anche se non è responsabile dei testi originali. Ma lo spettacolo contemporaneo consente di essere autori anche in questo solo senso, ché, come diceva Théophile Gautier nel 1841, «il tempo degli spettatori oculari è arrivato». E quindi anche degli artisti autori non del libretto, che può al limite diventare mero pretesto, ma di forme visuali in movimento.

Vi sono testi, letterari o plastici o musicali, di cui esiste – come abbiamo già ipotizzato – un autore *temporale*, intendendo qui la temporalità come effettiva presenza stabile; l'opera si attua secondo una sua logica e un suo sviluppo verificabile, materialmente, in una determinata realtà. Ma vi sono opere artistiche la cui presenza è soltanto *spaziale*, che si costituisce in oggetto in un determinato spazio (intendendo qui la spazialità come la forma visibile costruita e sviluppata, in movimento). È il caso di una regia di cerimonia o di spettacolo di massa, di una regia teatrale che può realizzarsi nella piazza, nel circo, nel palcoscenico, e il cui vero risultato sta non nel testo preesistente, ma nella consistenza scenica *attuale* (vera e propria realtà in atto, in svolgimento, in divenire e in via di modificazione). Visconti è, in primo luogo, autore *spaziale*. La scoperta, o la messa in valore, di questo nuovo tipo di autore, che esisteva fino dalla commedia dell'arte, fin dalle feste rinascimentali, fin dalle pantomime equestri, è stata possibile mediante il cinema. È dai tempi dell'abate Perrucci – di cui ha spesso scritto A. G. Bragaglia –, o del Bernini, dell'Arcimboldi, che esiste la regia, ma è il cinema che ce l'ha messa di fronte come una realtà che non si può né sottovalutare, né ignorare. È col secolo XX, con l'ingresso della luce elettrica nello spettacolo teatrale, col predominio del «maestro di scena» nello spettacolo cinematografico, con la presenza di maestri come Max Reinhardt, Stanislavskij, Mejerchol'd, Ejzenstejn, che si è sentito il bisogno di un nuovo vocabolo per un personaggio-artista nuovo: *regisseur*, diventato negli anni 1930, per noi italiani, *regista*.

La regia di Luchino Visconti, come opera di autore, ha un suo modo di scelta: il realismo; ma ha anche una sua tendenza naturale: il melodramma. Il realismo fa parte della sua visione ideologica; il melodramma della sua cultura e della sua tradizione.

Non si può esaminare l'opera di Visconti limitandosi alla sola attività teatrale, che è anche quella che può sfuggire di più all'indagine storica; ma neppure sarebbe possibile analizzarla sulla base dei suoi soli film. La sua opera di regista fa tutt'uno, e omogenea e coerente, da *Ossessione* a *Uno sguardo dal ponte*, da *Rosalinda* al *Don Carlos*, da *La terra trema* a *Un tram che si chiama desiderio*, da *Troilo e Cressida* a *Senso*, dalla *Traviata* al *Gattopardo*, dall'*Arialda* a *Rocco e i suoi fratelli*; e ogni tappa lo conosce autore.

Ognuno dei testi visivi (cinematografici) che ci mette a disposizione; ognuna delle regie teatrali che firma, sono in grado di confermare la omogeneità e coerenza che in lui conosciamo.

La scelta realistica coincide con l'esperienza populista a fianco di Renoir. Sono gli anni del Fronte popolare, finanziatore della *Marseillaise*. Visconti prende conoscenza dei film di Vigo, che lasceranno in lui qualche traccia, e «aiuta» Renoir per *Les basfonds*, *Une partie de campagne*, *Tosca*. Le conseguenze di questa scelta vediamo subito in *Ossessione*, dove non è difficile ritrovare anche un paesaggio visto con l'occhio del regista della *Bête humaine*.

Ma anche la presenza del melodramma lo apparenta a Renoir. Non è tutta giuocata da Renoir in chiave operistica la *Madame*

Bovary? Renoir cerca lo spettacolo nello spettacolo: e quindi Offenbach in *Boudu sauvé par eaux*, la *revue* in un intermezzo della *Grande illusion*, il teatro d'ombre nella *Marseillaise*, la commedia dell'arte in *La carrozza d'oro*.

Il realismo di *Ossessione* tornerà a esser presente in *La terra trema*, in *Bellissima*, in *Siamo donne* (l'episodio con Anna Magnani), in *Rocco e i suoi fratelli*, nei film che partecipano, in un modo o nell'altro, del neorealismo; ma anche in quei film in costume che lo obbligano a una ottica realistica, nel senso di rivedere realisticamente l'epoca del Risorgimento – *Senso*, *Il Gattopardo* – come nelle regie teatrali che invitano a una lettura realistica, per i testi drammatici del passato: *La locandiera* di Goldoni o la *Medea* di Euripide, per esempio, *Come le foglie* di Giacosa, *Zio Vania* e *Tre sorelle* di Čechov; o che partecipano del realismo teatrale dell'epoca contemporanea: *La via del tabacco* di Erskine Caldwell, *Un tram che si chiama desiderio* di Tennessee Williams, *Morte di un commesso viaggiatore* e *Uno sguardo dal ponte* di Arthur Miller, *L'Arialda* di Giovanni Testori.

Il realismo di Visconti non esclude mai completamente, magari nell'impegno di fare spettacolo, il melodramma o il suo mondo: ed ecco Juan de Landa, amatore del bel canto, in *Ossessione*, il sipario di *Senso* aprirsi sul *Trovatore*, l'inizio di *Bellissima* con una «ouverture» musicale. Come nel *Gattopardo* che ha una delle sue scene più riuscite nell'ingresso a Donnafugata, al suono della *Traviata*. Il *Gattopardo* sa tanto d'opera, come *Senso*, del resto, quanto la regia della *Traviata* (il pranzo, il ballo) sa di *Gattopardo*. A Visconti piace insistere sulle chiavi d'opera di certe sequenze di film o di certe regie teatrali. Se il realismo è il suo vero contenuto, il melodramma rimane una delle sue componenti figurative, ma anche contenutistiche, costanti: e non se ne stacca, a mo' d'esempio, neppure in *Rocco e i suoi fratelli*.

Entrambi questi elementi confluiscono nell'amore del fare spettacolo. E qui sarebbero da citare tutte le sue regie per il teatro operistico, ma anche gli intermezzi equestri di *Troilo* come di *Senso*, l'intrusione acrobatica in *Delitto e castigo*, l'arricchimento scenico di *Matrimonio di Figaro* come di *Rosalinda*, di *Oreste* come del *Macbeth* e di *Peccato che sia una sgualdrina*.

Realismo o «mélo» si avvertono in *Rocco e i suoi fratelli* e in *Uno sguardo dal ponte*, vigore polemico nel *Matrimonio di Figaro*, in *Le streghe di Salem* o in *La terra trema*, minuzia descrittiva e creativa in *Senso* e in *Gattopardo*, in *Notti bianche* e in *Vaghe stelle dell'Orsa*: preoccupazione dominante di Visconti resta «fare spettacolo»; ed è qui che tutti i motivi viscontiani, concettuali o visivi,

IL RUOLO DI LUCHINO VISCONTI   61

da un film all'altro, da una messinscena teatrale all'altra, si intrecciano e convergono in un comune denominatore. Nello spettacolo si impasta la tendenza realistica con la natura melodrammatica.

Un'altra caratteristica di Visconti – come appare evidente nella *Terra trema* e in *Rocco e i suoi fratelli* – è di concentrare il dramma che a momenti assume dimensioni di tragedia, in gruppi familiari di difformi ricchezza e varietà psicologiche: nuclei proletari, come negli esempi citati, ma più spesso prescelti nel mondo borghese e aristocratico, come in *Senso*, *Gattopardo*, *Vaghe stelle dell'Orsa*. Lo ha interessato il mondo germanico e asburgico, anche nelle sue manifestazioni intellettuali, politiche, artistiche, musicali e ne è nata la trilogia di *Morte a Venezia*, *La caduta degli Dei*, *Ludwig*. In *Gruppo di famiglia in un interno* è una visione distaccata, che viene dall'esperienza e dalla saggezza, della gioventù contemporanea; nel film *L'innocente* – messo in scena al termine della sua vita – si assiste alla ricostruzione estetizzante e attenta ai dettagli di una vicenda dannunziana: dove l'acuto senso visuale riesce a cogliere in primo luogo l'ambiente.

XV. Altre personalità del neorealismo

Tra i promotori, fiancheggiatori e prosecutori del neorealismo italiano vanno considerati anche altri registi. Aldo Vergano, per esempio, che con *Il sole sorge ancora* si inseriva nella tematica neorealistica e aveva il merito di raccogliere attorno a sé, nel 1945-46, un gruppo di giovani che poi avrebbero avuto un ruolo non trascurabile nel movimento: Carlo Lizzani (che realizzerà *Achtung banditi!*, *Cronache di poveri amanti*), Giuseppe De Santis (*Riso amaro*, *Caccia tragica*, *Non c'è pace tra gli ulivi*), Gianni Puccini (*Il carro armato dell'8 settembre*, *I sette fratelli Cervi*), Gillo Pontecorvo (*Kapò*, *Battaglia di Algeri*).

Alessandro Blasetti aveva iniziato nel 1928 con *Sole*, il dramma delle paludi, di cui Aldo Vergano aveva scritto lo scenario (mentre Mario Camerini, quasi contemporaneamente, realizzava *Rotaie*). Poi intravide i problemi sociali della terra e girò *Terra madre*. Spinto da un naturale entusiasmo per le imprese eroiche diresse *Palio*, che lo teneva a cavallo fra quel realismo che promuoveva e le fantasie in costume di cui subiva il fascino, fu poi la volta di *1860*, film di partigiani *ante litteram* (i picciotti e i garibaldini), film senza attori, film con riprese dal vero, nel luogo dello sbarco dell'Eroe dei due mondi. Non si potrebbe parlare di realismo italiano, oggi, senza pensare a quei film di Blasetti, cui si deve aggiungere *Vecchia guardia*, che descrive – ma in superficie – un episodio della rivoluzione fascista. Poi nel regista prevalse l'amore del costume e del cavalleresco (e fu la volta di *Corona di ferro*, *Ettore Fieramosca*, *La cena delle beffe*, *Un'avventura di Salvator Rosa*). Doveva essere un ritorno a più miti progetti, nel vivo del clamore della guerra, a spingerlo a dirigere nel 1943, come un passatempo, *Quattro passi fra le nuvole*: un film bonario e scherzoso che si potrebbe ricollegare a *Prima comunione* (1949), il quale doveva precedere alcuni «zibaldoni» di racconti: *Altri tempi* (1952) e *Tempi nostri* (1953), girati prima di *Peccato che sia una canaglia* (1952) e *La fortuna di essere donna* (1956).

Alla data di *Quattro passi fra le nuvole* (1943) nel cinema nazionale, compresso dalle autarchie intellettuali del regime, che man-

ALTRE PERSONALITÀ DEL NEOREALISMO

tenevano il paese in un isolamento culturale, maturava una esplosione che avrebbe completamente ribaltato la situazione del film italiano, di esiti circoscritti e di mentalità poco più che provinciale. È, a questo punto, il caso di esaminare in maniera più dettagliata e sincronica i fatti.

Se Blasetti e Camerini avevano creato le premesse al movimento che nel dopoguerra sarebbe sbocciato, Luchino Visconti, che a Parigi era stato al fianco di Jean Renoir – come abbiamo visto –, trasferiva la serie d'oro del realismo francese anteguerra nel nuovo realismo italiano con *Ossessione*. De Sica, dopo essersi «esercitato» in film minori (come attore lo ricordiamo soprattutto nella fortunata serie di Mario Camerini *Gli uomini che mascalzoni!*, *Darò un milione*, *Signor Max*), iniziava con *I bambini ci guardano*, ancora di influenza francese, la sua serie più fortunata, giovandosi della collaborazione di Cesare Zavattini per lo scenario. Un anno dopo era *La porta del cielo*, sui pellegrini di Loreto; poi fu la volta di *Sciuscià*. Rossellini dirigeva *La nave bianca*. De Santis era aiuto di Visconti in *Ossessione*. Germi preparava *Il testimone*. Lattuada veniva accusato, insieme ad altri registi, di formalismo, inteso come fredda ricerca del bello, in *Giacomo l'idealista*, che era una evasione della realtà «protetta» del regime. Luigi Zampa frequentava il Centro Sperimentale di cinematografia, prima di dirigere *Un americano in vacanza*. Aldo Fabrizi e Anna Magnani interpretavano i primi film dialettali romani *Avanti c'è posto*, *L'ultima carrozzella*, *Campo de' fiori*, che non dovevano essere che un'altra premessa, che il rovescio della medaglia di *Roma Città aperta*.

La cinematografia ufficiale, che invano aveva sperato di imporre formule proprie, governative, che vietava *Ossessione,* ritardava l'uscita di *I bambini ci guardano*, considerava i film di Fabrizi una vacanza dell'«austerità di regime», credeva più in *Giarabub* e *Bengasi*, che in *Alfa Tau*, dove nel volto dei «veri» bersaglieri reduci dal fronte si leggeva la sofferenza e la disfatta; insisteva in film bellicisti o melodrammatici, ma sentiva vagamente il peso della propria sconfitta artistica e industriale, nonostante i grandi impianti a disposizione, i teatri, i mezzi, le provvidenze, «la protezione», insomma del film.

Fu – come abbiamo spiegato – Roberto Rossellini che ebbe il merito di mettere da parte, tra i primi, teatri, trucchi, strumenti di lavoro e organizzazione, divi finora celebrati, e cominciò quelle sue riprese un po' alla ventura, animato da un senso lirico, ed epico, della camera cinematografica, che lo dovevano portare a *Roma città aperta*. De Sica non fu da meno e penetrò in un riformatorio di *Sciuscià*, iniziando il filone dei suoi film con attori presi dalla strada. Lattuada vide il ritorno dei reduci nel *Bandito* e anche De Santis descrisse gli oscuri giorni del rimpatrio in *Caccia tragica*. Germi guardò il disordine e il desiderio d'ordine d'un paese della Sicilia e creò *In nome della legge*, passando quindi a *Il cammino della speranza*, a *La città si difende*, al *Ferroviere*. Zampa svolse temi cari al sentimento del nostro popolo, come *Vivere in pace*, che resta il suo film migliore. E rievocò gli eventi del fascismo in *Anni difficili*, i moti popolari sociali post-bellici in *Onorevole Angelina*, altri aspetti del dopoguerra in *Campane a martello*, *Cuori senza frontiere*, *Anni facili*, prima di portare sullo schermo *La romana* di Moravia.

L'esperienza della cinematografia italiana, ora, vieppiù si allarga. Dopo aver così audacemente creato una via nuova del cinema, la «rivoluzione della verità», v'era chi pensava a imprese più vaste, più coraggiose, anche se Blasetti, che aveva contribuito con *Un giorno nella vita* alla tematica partigiana, riprendeva il tema di *Fabiola*, film melodrammatico ma cui l'influenza della vicina «scuola» sembrava dare, a momenti, una forza nuova. E i comici avevano il coraggio di guardare con occhio dissacratore la guerra e la sconfitta: Macario, che interpretava un *Come persi la guerra*, e Totò in *Napoli milionaria*, diretto da Eduardo De Filippo, in cui il marionettismo istintivo dell'attore si risolve in un ruolo più umano che viene sviluppato, forse anche meglio, in *Guardie e ladri* di Steno e Monicelli. Lattuada, dopo *Il bandito* e *Senza pietà*, concepiva un altro «colosso» nella versione del romanzo di Bacchelli *Il mulino del Po*: ancora nell'area del formalismo, ma sempre una nobile fatica da registrare, vicina a quel suo lontano *Giacomo l'idealista*, è l'opera di Mario Soldati, il traduttore per lo schermo dei romanzi di Fogazzaro, *Malombra*, *Piccolo mondo antico*, *Daniele Cortis*, accompagnati da un non meno eccellente e gustoso *Miserie del Signor Travet*.

Anche Renato Castellani, col suo *Zazà*, era stato considerato un «formalista». Aveva lavorato accanto a Blasetti in più film a carattere storico o favoloso; poi, nella scia del neorealismo, aveva realizzato *Sotto il sole di Roma*, *È primavera*, *Due soldi di speranza*, *I sogni nel cassetto*, prima di volgersi, e con successo, a una versione in technicolor di *Giulietta e Romeo* (1954) e al solido *Il brigante* (dal romanzo di G. Berto) sui problemi del Mezzogiorno.

Mario Camerini e Mario Soldati si inserivano nel movimento realistico, l'uno con *Due lettere anonime* e *Molti sogni per le strade*, l'altro con *Fuga in Francia* e *La provinciale*, anche se impegnati a momenti in film di *routine*, non d'arte.

Augusto Genina, autore di un non dimenticato *Squadrone bian-*

ALTRE PERSONALITÀ DEL NEOREALISMO

co (1936), film realista, anch'esso, adattato da un romanzo francese alla vita coloniale italiana, dirige *Il cielo sulla palude* – biografia della Beata Maria Goretti. Documentaristi come Michelangelo Antonioni e Francesco Maselli continuano le migliori esperienze della scuola con, rispettivamente, *N.U.*, *Superstizione*, *L'amorosa menzogna*, e *Finestre, Fioraie, Ombrellai, Bagnaia*, prima di passare a film a soggetto, l'uno con *Cronaca di un amore*, *La signora senza camelie, I vinti, Le amiche* (dal 1949 al 1955), l'altro con *Gli sbandati* (1955), *La donna del giorno* (1956), *Gli indifferenti* (1964).

Michelangelo Antonioni potrebbe rappresentare, almeno nei suoi primi film a lungometraggio, l'occhio del neorealismo sul mondo borghese. Luciano Emmer, da parte sua, lascia i film sull'arte per i bozzetti popolareschi *Domenica d'agosto*, *Parigi è sempre Parigi*, *Ragazze di Piazza di Spagna*, *Il bigamo* (dal 1949 al 1956). Curzio Malaparte presenta un molto discusso *Cristo proibito* (1950). Federico Fellini, dopo aver collaborato con Lattuada alla realizzazione di *Luci del varietà* (1951), si allinea nel 1952 con *Sceicco bianco* tra i più promettenti registi della giovane generazione, mentre lo stesso Lattuada dirige nel 1952, con *Il cappotto*, da Gogol, uno dei suoi migliori film, dopo il mediocre *Anna* (1951), interpretato da Silvana Mangano.

Il neorealismo non occupa, naturalmente, tutta la produzione italiana del dopoguerra. Continuano i film storici e in costume, e tra quelli che hanno ottenuto maggiore successo commerciale non possiamo dimenticare – ispirato a Omero – *Ulisse* di Mario Camerini (1954) – assai inferiore però a quella *Odissea* che Franco Rossi realizzerà quindici anni più tardi con un serial destinato agli schermi televisivi – o anche *Quo vadis?* girato in Italia da un regista americano, Mervyn Le Roy (1962). Continuano i film-opera con le vite di *Puccini* e di *Giuseppe Verdi* dirette rispettivamente da Carmine Gallone e da Raffaello Matarazzo, mentre Glauco Pellegrini cerca di rinnovare il genere con una elegante *Sinfonia d'amore* dedicata alla vita di Schubert (1955).

Ed Ettore Giannini fonde il pittoresco e il folklore musicale di Napoli con la rivista a grande spettacolo e compone un pieno di gusto *Carosello napoletano* (1954). Franco Rossi, mentre una corrente del cinema italiano volge l'attenzione ai problemi e al pubblico dell'infanzia, realizza nel 1955 un film su un delicato problema giovanile: *Amici per la pelle*. È uno degli ultimi film della risorta Cines, che aveva avuto un ruolo eminente nella nostra cinematografia dal lontano 1905. Luigi Comencini ambienta una commedia, del genere *Due soldi di speranza* di Castellani, in un paesino da paesaggio neorealistico e crea, su soggetto di Ettore G. Margadonna, il fortunato *Pane, amore e fantasia*, seguito (dal 1953 al 1955) da un *Pane amore e gelosia* e da un *Pane amore e...* (quest'ultimo però realizzato da Dino Risi): dove l'attore Vittorio De Sica crea la felice, popolarissima figura del maresciallo Carotenuto.

XVI. Memoria e fantasia di Federico Fellini

I primi film di Federico Fellini, e cioè *Luci del varietà* (coregìa nel 1951 con Alberto Lattuada), *Sceicco bianco*, *I vitelloni*, sembrano, a prima vista, aver meno a che vedere con quella determinata realtà – cruda e sofferta – che è propria del neorealismo delle origini. Eppure uno dei più efficaci cooperatori alla ideazione e affermazione delle opere neorealistiche dell'immediato dopoguerra fu proprio Fellini il quale, già inseritosi a Cinecittà durante il conflitto mondiale nella attività di sceneggiatore (per *Avanti c'è posto*, *Ultima carrozzella*, *Campo de' Fiori*) fu accanto a Roberto Rossellini come soggettista.

In *Francesco giullare di Dio* egli era passato addirittura al fianco del realizzatore quale aiuto-regista, alternandosi a quell'epoca nella collaborazione che dava sia a Rossellini, che a Lattuada (per i soggetti di *Senza pietà*, *Delitto di Giovanni Episcopo*) e Germi (per *In nome della legge*, *Il cammino della speranza*, *La città si difende*, *Il brigante di Tacca di Lupo*). Per Rossellini scrisse anche, e interpretò, *Il miracolo*.

Nei temi dei film rosselliniani era una viva presenza del mondo trascendente, una francescana serenità e carità, una follia talvolta tenera e sommessa, di creature semplici e fantasiose, giullaresche. In quelli di Lattuada un vivo sentimento, sofferto, della solitudine. Sono gli stessi elementi – trascendenza e follia, fantasia e solitudine, preghiera e carità, accresciuti da una malinconia profonda – che compongono uno dei più impegnativi film di Federico Fellini: *La strada* (1954). Protagonisti della *Strada* sono due girovaghi: l'erculeo Zampanò, che dà spettacolo nelle piazze della propria forza spezzando catene di ferro, e la buona quanto sciocca Gelsomina, che ha la faccia truccata da pagliaccio. Zampanò rappresenta la violenza, la brutalità, l'istinto volgare che non fa distinguere l'uomo dalla bestia. Gelsomina è il sentimento e la dolcezza, il delicato tramite che darà al bruto una coscienza. Forse Gelsomina non saprebbe, con le sue sole forze, far vibrare nell'anima del bruto il sentimento: ma un nuovo personaggio, il Matto, darà a lei, essere senza importanza, minuscolo e appena capace di esprimersi, la coscienza della propria utilità. Poche parole, estremamente semplici, costruiranno in lei una forza d'animo sconosciuta, un nuovo carattere: «Non c'è niente al mondo che non serve». E Gelsomina capirà di essere venuta al mondo per essere utile a Zampanò, per salvarne lo spirito finora ottenebrato dall'ignoranza.

L'incontro di Gelsomina col Matto – che sarebbe la fantasia più sbrigliata, un aspetto stesso della saggezza e della poesia, nella parvenza di un creduto folle – porta a un tragico epilogo. Zampanò uccide il Matto, che ama burlarsi di lui, per puro atto di bestialità, e Gelsomina, che ha assistito al delitto animalesco, senza motivazione, impazzisce. Il bruto la abbandona.

Zampanò ritrova, dopo molti anni, traccia della piccola, ingenua Gelsomina, ma gli viene detto che è morta. Allora si accorge, sulla riva del mare, della miserabile solitudine in cui è caduto, della enorme perdita che ha subito da quando Gelsomina non è stata più la sua compagna. E la bestia truce, violenta, scoppia ora in singhiozzi: nella spiaggia buia, davanti al mistero della natura e della vita stessa dell'uomo, mentre il mare rovescia le sue ondate, l'uomo torce sulla sabbia la propria anima sofferente e sembra da quel pianto nascere come un vagito: il vagito di una coscienza, finora sorda, che si sveglia, che diventa consapevole della propria esistenza.

Dopo *La strada*, *Il bidone*: qui, nella descrizione delle imprese di un gruppo di truffatori, e del più vecchio di essi, Augusto, che vorrebbe liberarsi del proprio destino e delle sue equivoche amicizie, ma colpito, abbandonato e schernito dai propri compagni, finisce miseramente su una scoscesa e pietrosa plaga improduttiva, battuta dal vento, ritornano tutti i personaggi e i temi preferiti dal regista: i «vitelloni» di provincia che hanno i loro fratelli maggiori e peggiori in questi gaudenti della metropoli, gli incontri della «strada» e le figure, al tempo stesso scherzose e volgari, dello *Sceicco bianco*; la fanciulla paralitica, contenta del proprio stato, come lo era la ragazza di *Agenzia matrimoniale*, che non esitava, pur di sposarsi, a unirsi a un licantropo (è questo un riuscito sketch di un film sperimentale, ideato da Zavattini, *Amore in città*, cui parteciparono anche Antonioni, Maselli, Lattuada, Risi, Lizzani, 1953). Il personaggio più umano, però, rimane quello di Augusto, e toccante è la sequenza finale in cui è descritto in modo vibrante e con intensa partecipazione il tentativo di salvezza dell'uomo irrimediabilmente perduto, che invoca aiuto e pietà. Le sue mani annaspano sulla terra ingrata. Tutto è vano: egli non tornerà più sulla strada dove un gruppo di fanciulli, di innocenti, sono passati senza vederlo, riverso com'è sulla scarpata, senza forza, senza voce: «Vengo con voi!» mormora, e cioè vengo con la vostra purezza, con la vostra innocenza che io ho da tempo perduta. È troppo tardi. Augusto non scamperà alla propria sorte. Iniziato quasi scherzosamente, approfondito con il procedere del racconto, il film arriva a una conclusione che possiede la stessa altezza di accento del finale della *Strada*. Finale, anche questo, triste, angosciante; ma drammaticamente logico, di una moralità nobile e persuasiva quanto necessaria.

Dal 1945 al 1960 il neorealismo ha compiuto molto cammino. È arrivato alla tragedia con *La ciociara* di De Sica e *Rocco e i suoi fratelli* di Visconti, alle superproduzioni (lontane dalla semplicità e povertà di mezzi del dopoguerra) di *Il giudizio universale* di De Sica, ancora scritto da Zavattini, e della *Dolce vita* di Fellini, che compendia esperienze precedenti e le supera in un vasto affresco, quasi breugheliano. Fellini si impegna poi ancor più in un ammodernamento e rinnovamento assoluto del linguaggio in *Otto e mezzo* e in *Giulietta degli spiriti*, cioè la descrizione – quasi autobiografica – della crisi di un uomo, di un regista felicemente impersonato da Marcello Mastroianni – e della gelosia di una donna, Giulietta, interpretata dalla moglie Giulietta Masina. *Satyricon*, ispirato a Petronio Arbitro, è una «dolce vita» dell'epoca romana, ricostruita quasi fantarcheologicamente. Poi Fellini, sul filo della memoria, attinge agli umori, alle angosce dell'epoca della sua infanzia, della sua adolescenza, delle sue prime esperienze romane: e ci dà *I clowns*, *Roma*, *Amarcord*. Le caratteristiche autobiografiche del cinema di Fellini si accentuano. Non tenterà di evaderne neppure all'epoca del lungamente studiato *Casanova*, di cui uno special televisivo firmato da Liliana Betti e Gianfranco Angelini lascia un curioso saggio e documento (Fellini non resterà che *fuori campo*): *E il Casanova di Fellini?* si ricollega, per certe interviste, a *I clowns* e ad *Amarcord*. Il film si farà (1976), dopo alterne vicende: ma non sarà una biografia di Casanova. Sarà *Il Casanova di Fellini*: cioè una successione di teatrini da rappresentazione popolare dove Fellini non racconta, nel quadro di una rievocazione storica, la vita di un personaggio leggendario, né vuole approfondire il tema dell'amore e del gallismo, ma piuttosto dare il libero sfogo alla sua fantasia e alla sua capacità di fare spettacolo.

XVII. Antonioni, Rosi e la «seconda generazione»

Se Federico Fellini può esser ritenuto, rispetto ai «maestri» del cinema italiano della prima ora, nome di uguale rilievo, ma piuttosto come appartenente a una generazione immediatamente successiva, dobbiamo considerare, allo stesso modo, maestri, in questa nuova schiera, Michelangelo Antonioni e Francesco Rosi.

Antonioni porta il neorealismo nella vita borghese col suo primo lungometraggio (1950) *Cronaca di un amore* e si esprime con una torturata amarezza alla Pavese in *Le amiche* e nei *Vinti*: guarda al personaggio femminile con acuta indagine psicologica e mette a nudo l'anima della donna in *L'avventura*, *La notte*, *L'eclisse*, *Deserto rosso*. Quest'ultimo film, che può sembrare ripetitivo, quanto alla tematica, è rinnovato da una viva sensibilità cromatica. Il film a colori, con paesaggio dipinto, impiego funzionale degli interni, si costituisce giustificatamente come tale proprio in rari film come *Deserto rosso*, che rifiuta ogni naturalismo.

In *Il grido* – storia di un operaio che, abbandonato dall'amante, perde ogni fiducia nel prossimo e ragione di vita – l'esistenza è considerata come giuoco inutile e tragico.

Messi da parte i temi centrali sulla alienazione e sulla incomunicabilità, Antonioni trova nuovi motivi di ispirazione in Inghilterra, con *Blow up*, poi negli Stati Uniti con *Zabrinskie Point*, dove torna il cinema della solitudine, sviluppato tra i giovani americani. Infine gira un reportage sulla Cina che gli attirerà i fulmini di alcuni funzionari di Pechino per una presunta mancanza di obiettività: *Chung-Kuò*.

La ricerca interiore di Antonioni, nei film precedentemente indicati, appare a volte portata a conseguenze estreme che – meno che nel *Grido*, o nel reportage *Il suicidio*, facente parte di *Amore in città* supervisionato da Zavattini – si allontanano dagli elementi costitutivi del neorealismo, più sopra indicati. Un forte contributo al neorealismo però Antonioni ha dato con i suoi primi documentari, dove eccelle *Gente del Po* (1943), seguito nel 1948-49 da *N.U.*, da *Superstizione*, da *Amorosa menzogna*.

L'interesse per il reportage, sociale nel *Suicidio* e nei *Vinti*, fotografico in *Blow up*, politico in *Chung-Kuò*, torna per altro verso in Antonioni con l'ultima delle sue realizzazioni, *Professione: reporter*, ma nell'intreccio prescelto, in quanto il film espone la delusione di un giornalista, nell'amore come nel lavoro e nella convivenza sociale: temi che caratterizzano particolarmente l'opera di Antonioni.

Anche Francesco Rosi inizia la sua carriera registica con premesse neorealiste di critica sociale. *La sfida* è ambientata nel mercato ortofrutticolo di Napoli, e *I magliari* tra i venditori di stoffe e di tappeti, spesso ai limiti della legalità nelle loro attività commerciali. *Salvatore Giuliano* e *Le mani sulla città* inaugurano un nuovo tipo di cinema politico, legato alla realtà, di carattere saggistico. Rosi, con i suoi film non documentari (poiché il documentario si basa sulla realtà in atto) ma documentati, fa un cinema «storico» profondamente diverso da quello pseudostorico che l'industria cinematografica ha sempre praticato in ogni paese del mondo.

Rievoca, senza fare appello alla fantasia, ma basandosi sulla realtà e sui documenti, la vita del bandito Salvatore Giuliano, *Il caso Mattei*, *Lucky Luciano* ed episodi della prima guerra mondiale (*Uomini contro*). In *Cadaveri eccellenti* la denuncia e l'impegno di discussione politica lasciano più ampi spazi all'immaginazione.

È un procedimento di saggistica storica che interessa anche altri registi: Gillo Pontecorvo per *Battaglia di Algeri*, Carlo Lizzani per *Mussolini: ultimo atto*, Florestano Vancini per *Bronte* e *Delitto Matteotti*, Giulio Montaldo per *Sacco e Vanzetti*, Ermanno Olmi per *E venne un uomo (Giovanni XXIII)*, Lino Del Fra per *Antonio Gramsci*.

L'esperienza neorealistica influisce fecondamente sui nuovi registi della seconda metà degli anni Cinquanta. Tra i più personali sono: Ermanno Olmi con *Il posto*, e *I fidanzati*, affettuose prese di contatto con l'umanità che lavora (Olmi tornerà a questi temi anche nei *Recuperanti* e nella *Circostanza*); Vittorio De Seta, dai documentari sulla Sicilia e sulla Sardegna al più impegnativo, ma di origine documentaristica, *Banditi a Orgosolo*; Ugo Gregoretti con l'inchiesta *I nuovi angeli*, influenzato dalle tecniche televisive; Elio Petri che da *I giorni contati*, quasi il documentario psicologico di una vita che si arresta, di un fallimento, passerà a film fortemente polemici come *Indagine di un cittadino al di sopra di ogni sospetto*, *La proprietà non è più un furto*, *Todo modo*; Orsini e Taviani (*Un uomo da bruciare*, la fine di un sindacalista in un ambiente minato dalla mafia); Giuseppe Patroni Griffi (*Il mare*, di cui la scelta figurativa e la ricerca psicologica ricordano Antonioni); Bernardo Bertolucci con *La comare secca* e *Prima della rivoluzione*; e, più vivace e polemico di tutti, Pier Paolo Pasolini, osservatore del sottoproletariato romano: *L'accattone*, *Mamma Roma*, *La ricotta*, cui si deve anche un *Vangelo secondo Matteo*, che ha sapore di sacra rappresentazione popolare, e *Uccellacci e uccellini*, legato all'attualità, come *Prima della rivoluzione* di Bertolucci e *Le stagioni del nostro amore* di Vancini.

Sono queste le opere più valide del cinema italiano tra il Cinquanta e il Sessanta; cui si devono aggiungere *Kapò*, sui campi di concentramento tedeschi, e il già ricordato film «storico» *Battaglia di Algeri* di Gillo Pontecorvo; l'esame clinico, psicanalitico, dell'*Uomo a metà* di De Seta, gli studi di caratteri femminili di Antonio Pietrangeli, di cui l'esempio più convincente è in *Io la conoscevo bene*; la narrativa alla Pratolini di Valerio Zurlini in *Cronaca familiare*; i film di atmosfera di Mauro Bolognini (*La viaccia*, *Senilità*, *Metello*, ispirati da testi di Mario Pratesi, di Italo Svevo e dello stesso Vasco Pratolini); e la bella interpretazione di un romanzo di Moravia – *Gli indifferenti* – di Francesco Maselli, o il ritorno ai temi della Resistenza di Nanni Loy in *Le quattro giornate di Napoli,* o della critica alla guerra (*La grande guerra* di Mario Monicelli).

Dal 1945 in poi, come si vede, il neorealismo ha compiuto molto cammino. Ma di fronte alle profonde trasformazioni subite dai registi che ne furono gli animatori, e ai contributi, spesso di notevole peso, portati dai nuovi realizzatori, ci si può chiedere, ora, se il neorealismo si debba considerare un fenomeno chiuso: e la risposta non può che essere affermativa in quanto si è modificata la realtà che lo originò. È per questo che Visconti, Rossellini, De Sica, ne evasero col *Gattopardo*, con *Anima nera*, con *Giudizio universale*, o *Sequestrati di Altona*: mentre Germi si dedicava a una più minuta critica del costume, Antonioni tentava nuove esperienze col film a colori, Fellini arrivava al film surrealista e fantarcheologico.

Dopo il 1960 il neorealismo sembra avviato a concludersi, non senza premonizioni significative, ma non decisive, anticipate da Visconti (che pur realizza, tra *Senso* e *Il gattopardo*, *Rocco e i suoi fratelli*) e i prolungamenti, che non si possono ignorare, di Pasolini e Rosi (*Vangelo secondo Matteo*, *Le mani sulla città*) cui altri nomi e titoli di film si possono aggiungere. La realtà si è trasformata nelle vie, nelle case, negli abiti della gente e nella loro mentalità, nei problemi, soprattutto, che investono tutta la società. Ma c'è una eredità del neorealismo che resta presente e fruttuosa, viva e operante, e i nomi dei registi più giovani, negli anni Sessanta, non possono non essere considerati come legati al neorealismo. Sono frutto del neorealismo *Salvatore Giuliano* e *Mani sulla città*, *Kapò* e *Battaglia di Algeri*, i primi film di Bertolucci e Vancini (*La lunga notte del '43* e *Le stagioni del nostro amore*), di Pasolini e Ferreri (*L'udienza*), con il debito evidente che spesso hanno con i film di Rossellini e Visconti, Fellini e Antonioni.

Il neorealismo è un fenomeno «storico», ormai catalogato, datato, inquadrato criticamente. Ma non perde affatto la propria forza di irraggiamento, la capacità di influenzare i registi giovani, italiani o di altri paesi. Per cui dovranno riconoscere il loro debito al movimento italiano la *nouvelle vague* francese e il cinema *novo* brasiliano, gli argentini ammiratori di Antonioni e gli indiani, come Satyait Ray, che si è professato seguace di De Sica e Rossellini. L'eredità del neorealismo, dunque, si riflette non soltanto nell'opera dei nuovi registi italiani, ma anche di buona parte delle correnti di vari paesi del vecchio e del nuovo continente.

XVIII. Nuovi protagonisti

All'inizio degli anni Sessanta, conclusa, nel modo che abbiamo detto, la fase neorealistica (e tra i punti conclusivi di riferimento possiamo vedere *Rocco e i suoi fratelli* e *La ciociara*) vengono alla ribalta nella nostra produzione altri nomi, che arricchiscono una cinematografia ormai diventata tra le prime del mondo. Sono Bernardo Bertolucci, già assistente di Pasolini in *Accattone*, Marco Bellocchio e Liliana Cavani, nonché Salvatore Samperi, che è stato vicino a Ferreri nei suoi primi film italiani (Ferreri aveva esordito in Spagna con singolari lavori di humour nero, su soggetti di Rafael Azcona), e Carmelo Bene, venuto da esperienze teatrali e di cinema al di fuori dei normali schemi produttivi.

Bertolucci esordisce come regista nella *Comare secca*, un tipico soggetto pasoliniano sul mondo del sottoproletariato romano, e trova accenti più personali, autobiografici in *Prima della rivoluzione*, che gli permette di esprimere le sue convinzioni politiche marxiste. Il successivo *Partner* è un omaggio, non altrettanto convincente, al cinema di Godard. *La strategia del ragno*, che prende alla lontana le mosse da un racconto di Borges, ambienta nella Bassa Parmense la storia di un protagonista della Resistenza, e *Il conformista*, dal romanzo di Moravia, riesamina criticamente, e drammaticamente, l'antifascismo dei fuoriusciti. *Ultimo tango a Parigi* si vale della persuasiva presenza di Marlon Brando per un soggetto provocatorio, antiborghese, ma disperato, che fa appello apparentemente, e polemicamente, a una carica erotica che dà forse al film un successo anche maggiore proprio come simbolo di una libertà espressiva che i cineasti e gli intellettuali italiani reclamano con sempre maggiore insistenza. *Ultimo tango a Parigi*, a parte gli innegabili pregi della realizzazione, diviene quasi simbolo del ribellismo dei giovani registi e in questo senso divide il pubblico in accaniti avversari e sostenitori. Promuove altri film in cui l'impegno polemico fa spavaldamente appello a scene disperate di sesso: in questo senso gli è assai vicino *Portiere di notte* di Liliana Cavani, con l'assurdo rapporto erotico tra un ex SS e una delle sue vittime. Liliana Cavani si era affermata, precedentemen-

NUOVI PROTAGONISTI

te, con *Francesco d'Assisi*, e aveva affrontato, quasi brechtiana-mente, una biografia di *Galileo*, e il soggetto di *Milarepa*, sottoli-neando le sue propensioni per messaggi polemici di religiosità e di un cattolicesimo del dissenso.

Dopo *Ultimo tango a Parigi* Bertolucci affronterà in Valle Pada-na *Novecento* con un coraggioso e ampio affresco di vicende ge-nerazionali: ma non tutta l'impegnativa opera apparirà convin-cente ed equilibrata. Consenso pressoché unanime otterrà inve-ce *L'ultimo imperatore*, insignito di numerosi Oscar.

Ingresso non meno provocatorio e di cruda sincerità autobiogra-fica fa Marco Bellocchio con l'«arrabbiato» *I pugni in tasca*, nella sua critica violenta all'istituto familiare. Successivamente – dopo *La Cina è vicina* che precorre la contestazione studentesca del 1968 – tenterà una nuova invettiva, ancora piena di rabbia repres-sa, ma non altrettanto sincera in *Nel nome del padre*, rievocando gli anni di collegio. *Marcia trionfale* svolge un tema antimilita-rista. *Enrico IV* è un non convincente «aggiornamento» di Piran-dello.

Uguale carica dissacrante hanno i film di Roberto Faenza (*Esca-lation* e *H 25*), Andrea Frezza (*Il gatto selvaggio*), Silvano Agosti (*Il giardino delle delizie*, *N.P.*, *Il segreto*) tutti ex allievi – come Bel-locchio – del Centro Sperimentale di cinematografia, mentre Sal-vatore Samperi, che compone beffardamente un'altra contesta-zione antifamiliare in *Grazie zia*, raccoglie con spirito pratico di questo film gli elementi *sexy* per dirigere i fortunati – per succes-so di cassetta – *Malizia* e *Peccato veniale*, che provocano addirit-tura serie di produzioni dello stesso tipo.

Un caso a sé è rappresentato da Carmelo Bene che fa un tipo di cinema che non ha riscontri nella nostra produzione salvo forse in quella *underground* o ispirata all'avanguardia surrealista di Artaud. Il suo primo tentativo è *Nostra Signora dei Turchi* che tra-duce, ma con linguaggio libero e pieno di invenzioni, un suo ro-manzo. Seguono *Capricci*, *Don Giovanni*, *Salomè*, *Un Amleto di meno*. Vi tornano tutti i moduli del suo teatro dissacratore di miti, parodistico, irrazionale, assurdo, che è – in chiave comico-satiri-ca – il più vistoso esito della neoavanguardia italiana.

Dal mondo e dai suggerimenti di P. P. Pasolini esce, oltre l'esor-diente Bertolucci (*La comare secca*) anche Sergio Citti, che, dopo *Ostia* realizza un calibrato ed efficiente *Storie scellerate* di spirito naïf, sullo sfondo di una Roma papalina e barocca.

Altri uomini di teatro passati alla regia cinematografica sono Gianfranco De Bosio con *Il terrorista* – una vicenda della Resi-stenza ambientata a Venezia, e una delle prime solide affermazioni dell'attore Gian Maria Volonté –; Franco Zeffirelli che traduce magistralmente per lo schermo due opere shakespeariane, *La bisbetica domata* e *Romeo e Giulietta*, per poi dedicarsi a uno spettacolare, un po' hollywoodiano, *Fratello Sole sorella Luna*, che rievoca la giovinezza di Francesco d'Assisi; infine il commediografo Franco Brusati che raggiunge risultati particolarmente felici in *Pane e cioccolata*, interpretato da Nino Manfredi in Svizzera, tra i nostri emigrati.

Un valido sceneggiatore di commedie, Ettore Scola, passa alla regia portandovi fertilità di idee e personale talento cinematografico con *Un dramma della gelosia* e l'ancor più felice *C'eravamo tanto amati*. Un suo contributo originale al rinnovamento delle tematiche del nostro cinema, anche in direzione di quel film politico che interessa Ugo Gregoretti, Ansano Giannarelli, Giuseppe Ferrara, i fratelli Taviani (*Allosanfan* e *Padre padrone*), è *Trevico-Torino*, girato tra gli operai della Fiat.

Anche gli attori passano in alcune occasioni dietro la macchina da presa: Ugo Tognazzi (*Il fischio al naso*), Nino Manfredi (*Per grazia ricevuta*), Alberto Sordi (*Fumo di Londra*, *Polvere di stelle*, *Finché c'è guerra c'è speranza*), seguendo un più remoto tentativo di Rascel (*Il cappotto*). L'attore-regista Carlo Verdone, dai primi film episodici di grande successo, *Un sacco bello* e *Bianco Rosso e Verdone*, passa a commedie più elaborate, di tono comico-malinconico.

L'esempio di Pasolini passato dalla narrativa al cinema (e che trova nella letteratura vari motivi di ispirazione, promuovendo con *Decameron* e *Racconti di Canterbury* un filone boccaccesco inesauribile e dalle innumeri imitazioni e degradazioni) è seguito anche da altri scrittori (Enzo Siciliano, Giovanni Arpino, Dacia Maraini) ma gli unici che si inseriscono stabilmente, come Pasolini, in un discorso anche cinematografico, sono Alberto Bevilacqua, che traduce con successo i suoi romanzi *La califfa* e *Questa specie d'amore*, e Nelo Risi, di cui vanno ricordati *Il diario di una schizofrenica* e *Una stagione all'inferno*.

Tra i film desunti da opere letterarie si fanno notare *Il deserto dei Tartari* di Valerio Zurlini (da Dino Buzzati), *Un anno di scuola* di Franco Giraldi (da Scipio Slataper), *Un cuore semplice* di Giorgio Ferrara (da Gustave Flaubert), e *Padre padrone* (1977), uno dei migliori risultati registici dei fratelli Taviani. Tratto da un romanzo di Gavino Ledda, *Padre padrone* ripropone con forza neorealistica il contrasto tra generazione di ieri e di oggi. *Salò o le 120 giornate di Sodoma* di P.P. Pasolini (1922-1975) è liberamente ispirato all'opera del Marchese de Sade: è l'aspro e funereo

NUOVI PROTAGONISTI

commiato di una personalità multiforme e contraddittoria, polemica e tragica. Tra le migliori opere dei Taviani è *Kaos* (1984), da racconti di Pirandello. Anche Mauro Bolognini compie, con cultura letteraria e pittorica, frequenti incursioni nella narrativa: si ricordano, tra gli altri, *La viaccia* (1961, da *L'eredità* di Mario Pratesi); *Agostino* (1962, da Alberto Moravia), *Senilità* (1962, da Italo Svevo), *Metello* (1971, da Vasco Pratolini).

XIX. I generi «all'italiana»

Un posto particolare occupa nella produzione nazionale più recente la «commedia all'italiana». Il cinema brillante degli anni Trenta (come *Gli uomini che mascalzoni!* di Mario Camerini) passato attraverso l'esperienza, spesso assai cruda, del neorealismo, le è ormai lontano antenato. Non va trascurato, però, che ci fu anche un «neorealismo rosa», cui abbiamo già accennato, dove il contenuto socio-politico non è più prevalente: tornano alla mente i film di Renato Castellani *Sotto il sole di Roma*, *È primavera*, *Due soldi di speranza* (dal 1948 al 1953), e quelli di Luigi Comencini da *Pane amore e fantasia* e *Pane amore e gelosia* (1953 e 1954), fino a *Tutti a casa* (del 1960), che talvolta si riallacciano a certe atmosfere distese, sapientemente create, anche nel dramma, da Vittorio De Sica. La «commedia all'italiana» – quando non scade nella comicità dozzinale – è «trattenimento» anche piacevole che non chiude gli occhi davanti ai «problemi»: e qui vanno ricordati, per il passato, Luigi Zampa (*Anni difficili*, *Anni facili*, *L'arte di arrangiarsi*, dal 1947 al 1955), *Il sorpasso* di Dino Risi (1962), *I soliti ignoti*, *La grande guerra*, *I compagni*, *Un borghese piccolo piccolo* di Mario Monicelli (in un arco di tempo abbastanza ampio che va dal 1958 al 1977), *Io la conoscevo bene* di Antonio Pietrangeli (1965), *Divorzio all'italiana* (1962) e *Sedotta e abbandonata* (1964) nonché *Signori e signore* (1963) di Pietro Germi, il quale idea anche *Amici miei* poi realizzato (1976) da Mario Monicelli, *La famiglia* e *Che ora è* di Ettore Scola – realizzati negli anni Ottanta. Precedentemente Scola aveva contribuito felicemente, come sceneggiatore, al «genere». Anche nella alacre carriera di Pupi Avati si fanno ricordare, come commedie, *Regalo di Natale* e *Storia di ragazzi e ragazze*, realizzati negli anni Ottanta, mentre *Dichiarazione d'amore* è del 1994. Nel corso degli anni si legano alla «commedia all'italiana» i nomi di molti registi, da Luciano Emmer a Lina Wertmüller, Pasquale Festa Campanile, Carlo ed Enrico Vanzina, figli del regista e sceneggiatore Steno. La commedia di Luigi Magni si distingue con originalità per temi romani e romaneschi: *Nell'anno del Signore* (1970) e *In nome del Papa Re* (1977).

I GENERI «ALL'ITALIANA»

Notevole contributo alla «commedia all'italiana» danno anche gli attori, primo fra tutti Alberto Sordi, personaggio-chiave fin dal 1954 (*Un americano a Roma*, realizzato da Steno), come pure Nino Manfredi – specie nell'emigrante di *Pane e cioccolata* di Franco Brusati, (1974), Christian De Sica (il *remake* del *Conte Max*, da lui stesso diretto nel 1992, preceduto da *Faccione* e seguito da *Uomini*), Enrico Montesano (*I due carabinieri* di Carlo Verdone, 1984), Renato Pozzetto (citiamo, fra le molte commedie, *Sette chili in sette giorni* di Luca Verdone, 1986), e *Le comiche* di Neri Parenti, una serie di successo al *box-office*.

Ugo Tognazzi è presente in molte acri commedie di Marco Ferreri (*L'ape regina*, 1963, *La grande abbuffata*, 1973), in film dello scrittore Alberto Bevilacqua (*La califfa*, 1972, e *Questa specie di amore*, 1973), e di Dino Risi (*I mostri*, 1963). E come il Sordi (attore in centocinquanta film!), Vittorio Gassmann – interprete di *Il sorpasso* e di *I soliti ignoti*, e di vari altri film di Monicelli e Scola –, Marcello Mastroianni, Nino Manfredi, uno degli interpreti della «commedia» più versatili e significativi, fino a passare – ma provvisoriamente e con scarso successo – alla regia nel 1966 con *Il fischio al naso*, tratto da un racconto di Dino Buzzati. E naturalmente non vanno posti in secondo piano gli sceneggiatori, che costituiscono spesso l'asse portante del «genere»: Age e Scarpelli, Benvenuti e De Bernardi, Sonego, Continenza; nonché Luciano Salce, Steno, Oldoini, Castellano e Pipolo, poi anche attivi registi.

Non mancano, oltre la commedia all'italiana, altri filoni, poiché quando un «genere» rende commercialmente i produttori insistono spesso su quelli più redditizi fino a farli invecchiare, anche precocemente: e coinvolgono i registi-artigiani, in fasi ritornanti, nei film sulla romanità, mitologici, erotici, western – anch'essi «all'italiana» – comico-popolari (con i prolifici Franco Franchi e Ciccio Ingrassia), e film di denuncia sociale, dove primeggiano le storie di mafia. Qui torna l'impegno civile, mutuato dal neorealismo, e capeggiato da Francesco Rosi, che, partito da *La sfida* e *I magliari* (1959), *Salvatore Giuliano* (1961) e *Le mani sulla città* (1963), continua, con passione meridionalistica e per il film-inchiesta, con *Il caso Mattei* (1972), *Lucky Luciano* (1973), *Cadaveri eccellenti* (1975), *Cristo si è fermato ad Eboli* (1979), *Tre fratelli* (1981).

È una scelta di «fare cinema» cui aderiscono, con gradazioni diverse, Elio Petri, i fratelli Taviani, Damiano Damiani, Giuliano Montaldo, Florestano Vancini, Francesco Maselli, Carlo Lizzani, Nanni Loy e Giuseppe Ferrara, con l'emblematico *Giovanni Falcone* (1994).

Oltre alla «commedia all'italiana», abbiamo detto, c'è, o c'è stato, anche il «western all'italiana»: quantitativamente fecondo, e, in qualche caso, anche così efficace, da avere l'assenso degli stessi americani, promotori indiscussi del «genere». Vi ha primeggiato Sergio Leone con i suoi *Un pugno di dollari* (1964), *Per qualche dollaro in più* (1965), *Il buono, il brutto e il cattivo* (1966), e il più complesso, e dai toni epici, *C'era una volta il West* (1968) con Henry Fonda e Charles Bronson. Il suo riconosciuto capolavoro è *C'era una volta l'America* (1982) che passa dal mondo dei cow-boy a quello dei gangster, con psicologie più sfumate. Protagonista di eccezione è Robert De Niro.

Non è quasi più un «genere», invece, il documentario cinematografico (che negli anni Venti molti definivano la «poesia del cinema» mentre il film a soggetto e con attori veniva ritenuto la «prosa»): così pochi sono i registi che lo praticano, vittime delle sbrigative contraffazioni dei canali televisivi. Il più assiduo nel settore è Folco Quilici, che ha tuttora al suo attivo una cospicua produzione di documentari «marinari» ed esotici, a partire dal lontano *Sesto continente* (1964). Sua è la serie *L'Italia vista dal cielo*. Meno prolifico, ma dai risultati ragguardevoli, è Franco Piavoli, che realizza nel 1982, avendo per collaboratore il montatore e regista Silvano Agosti, il poetico *Pianeta azzurro*, e nel 1989 *Nostos*, *il ritorno*: il mito di Ulisse sembra porre in comunicazione, sia pure in forme diverse, Quilici e Piavoli. Il «viaggio» porta in India Bruno D'Annunzio e Rosanna De Martino per una serie di documentari etnografici (*Lama Ghelò*, 1988, e *Ricordo indiano*, 1994, da una pagina di diario di M. Verdone). Documentari di impegno sociale e sull'infanzia caratterizzano l'alacre attività di Michele Gandin (*Cristo non si è fermato a Eboli*, 1952).

Il documentario sull'arte, definito (e praticato) da C.L. Ragghianti critofilm, ha ancora dei cultori, specialmente impegnati in una serie dell'Istituto Luce, nella quale si fa particolarmente rimarcare *La pittura senese del Trecento* di Luca Verdone (1992), anche autore di *Filosofia dei giardini*, *Museo della Scienza*, e di selezioni storico-didattiche come *Antologia del neorealismo*, *Luchino Visconti*, *La scenografia nel cinema*, e *Commedia all'italiana*. Al Luce si devono film di montaggio, che «fanno storia», i quali attingono al suo cospicuo archivio di immagini, come *I seicento giorni di Salò* (1991) e *Succede un quarantotto* (1993) di Nicola Caracciolo e Valerio E. Marino.

XX. Un cinema che si rinnova

Una delle caratteristiche della produzione degli anni Ottanta è stata la apparizione, sul versante ironico, grottesco, o dichiaratamente comico, di alcuni giovani attori-autori, che hanno portato nuovi personaggi e ulteriore carica nella commedia. C'è il sarcastico e corrosivo Nanni Moretti – che però è più che un «commediante». Moretti possiede un fiuto e un «occhio critico» che gli permette di raccogliere attorno a sé e incoraggiare nuovi giovani cineasti con una politica di gruppo che ha già dato buoni risultati, a esempio con *Il portaborse* di Daniele Luchetti (1991) e *Il toro* di Carlo Mazzacurati (1994), interpretato da Diego Abatantuono e Roberto Citran. Aveva iniziato col «superotto» *Io sono un autarchico* (1977) e continuato con film di analisi della propria generazione e degli ideali cui era legata (*La messa è finita*, 1985, a esempio, e *Palombella rossa*, 1989). Raggiunge i suoi migliori successi con la interpretazione di *Il portaborse* e con i «foglietti» di *Caro diario* (premiato a Cannes, 1994), dove è riconoscibile una personalità, uno stile, una visione del mondo. Si possono fare buoni film anche con i *block-notes*: lo hanno dimostrato Dziga Vertov, Federico Fellini, e François Girard con i *Trentadue piccoli film su Glenn Gould*.

C'era anche (purtroppo va detto c'era) Massimo Troisi, un pronosticato erede di Eduardo, prematuramente scomparso, che aveva favorevolmente impressionato, dopo le sue esibizioni teatrali e televisive, con *Ricomincio da tre* (1974). Il suo film più intenso e poetico è *Il postino* (1994), realizzato con Michael Radford, che ha per interprete, nel ruolo di Pablo Neruda, Philippe Noiret.

Il toscano Roberto Benigni è un altro attore-autore di successo, scanzonato e a suo modo geniale: realizza *Tu mi turbi* (1982), *Piccolo diavolo* (1988), *Johnny Stecchino* (1992) e, nel 1994, *Il mostro*. Benigni dirige con Troisi (1984) *Non ci resta che piangere*. Un altro sornione attore toscano che proviene dal teatro è Francesco Nuti, che passa alla regia nel 1985 con *Casablanca Casablanca*, pressoché una continuazione di *Io, Chiara e lo scuro* diretto

82 — STORIA DEL CINEMA ITALIANO

da Maurizio Ponzi (1983). Deludente, soprattutto per il mondo piccino, attratto dal titolo, è *Occhio Pinocchio*. Maurizio Nichetti, affermatosi con *Rataplan* (1979), resta legato alle sue trovate di regista di film pubblicitari.

Si distingue dai comici ricordati Carlo Verdone il quale, dopo un esordio, con intenzioni cabarettistiche, in *Un sacco bello* (1979) e *Bianco Rosso e Verdone* (1981), dove interpreta più personaggi, affronta con convincenti risultati la commedia (*Borotalco*, 1982, *Acqua e sapone*, 1983); e arriva a film di più solido impianto, dove una malinconia più scoperta si congiunge alla osservazione attenta, con humour, della propria generazione e all'effetto comico sempre tenuto presente: in *Io e mia sorella* (1987) il protagonista per ricostruire la vita della sorella, distrugge il proprio matrimonio; in *Compagni di scuola* (1988) rivisita criticamente i suoi ex compagni di studio; in *Al lupo al lupo* (1992) è un viaggio alla ricerca del padre, ma anche di una unità familiare; in *Perdiamoci di vista* (1994) passa in secondo piano la critica ai cinici presentatori televisivi per far emergere in giusta luce il problema psicologico di chi è handicappato.

Da più tempo in carriera è Paolo Villaggio, con il proverbiale e quasi «seriale» Fantozzi, dalle molteplici avventure. Villaggio e Benigni sono chiamati addirittura, in una splendida coppia di stampo clownesco (sembrano un Magnifico e uno Zanni), nel visionario *La voce della luna* (1990) di Fellini, dopo che il regista aveva continuato con *Intervista* (1987), e anche con *Ginger e Fred* (1985), il suo filone autobiografico. E l'ultima idea di Fellini, maturata in ospedale, era di un film su due vecchi clown (li vedeva impersonati da Villaggio e Mastroianni) ricoverati per malattia cardiaca e comicamente incuriositi della propria sorte.

Il rinnovamento del cinema italiano è sensibile anche nelle storie drammatiche, dove un ruolo sempre più rimarchevole, in cronache e intrecci di discussione, di denuncia, di amara constatazione del malessere contemporaneo, va svolgendo Gianni Amelio, che già distintosi con *Colpire al cuore* (1982), *Porte aperte* (1990), e *Ladro di bambini* (1992) si afferma col suo *Lamerica* (1994), ispirato al problema dell'immigrazione e che prende spunto dalla situazione albanese. Da *Passaporto rosso* di Giulio Brignone (1935) al film di Amelio molte cose sono cambiate: l'America era, per i nostri emigranti, quella della statua della Libertà, sognata dai paesi poveri; ora sembra essere l'Italia, forse per i «miraggi», spesso fallaci, sognati o esportati all'Est dalla televisione; o forse anche per i disagi determinati, *in loco*, dalle ideologie e dagli inganni, dalle promesse non mantenute.

UN CINEMA CHE SI RINNOVA   83

Giuseppe Tornatore e Gabriele Salvatores hanno molto contribuito a confermare il prestigio del film italiano in campo internazionale guadagnando due Oscar: il primo con *Nuovo Cinema Paradiso* (1989), il secondo con *Mediterraneo* (1991). Tornatore è accolto al Festival di Cannes con i suoi successivi film *Stanno tutti bene* (1992) e *Una pura formalità* (1994): quest'ultimo ha un *cast* internazionale di rispetto con Gerard Depardieu e Roman Polanski. Salvatores gira nel 1992 *Puerto Escondido* e, successivamente, *Sud*. Marco Risi ha dato il via con *Mery per sempre* (1989) a un realismo nero che ha trascinato, sulla stessa linea, altri giovani registi, tra cui Ricky Tognazzi (*Ultrà*, 1991, *La scorta*, 1992): un filone che mostra già i suoi limiti, e quindi l'impossibilità di resistere a lungo, con *Il branco* (1994).

Vi sono altri autori nuovi che consentono di riconoscere un non effimero rinnovamento in atto del nostro cinema, dopo la perdita di tanti maestri. Vanno ricordati subito Giovanni Veronesi con *Per amore solo per amore* (1993), dal romanzo di Pasquale Festa Campanile, Alessandro Di Robilant con *Il giudice ragazzino* (1993), Alessandro D'Alatri con *Senza pelle* (1994), Sergio Rubini, il giovane «Federico Fellini» in *Intervista* (1987), con *La stazione* (1990), Pasquale Pozzessere che ha al suo attivo *Verso sud* (1992) e *Padre e figli* (1994), Silvio Soldini con *Un'anima divisa in due* (1993). Michele Placido, che è tra gli interpreti di *Padre e figlio*, passa alla regia con *Pummarò*, odissea di un extracomunitario e *Le amiche del cuore*, una storia di incesto nella periferia romana. A essi si aggiungono, ed è per il momento impossibile dare un esauriente ragguaglio critico di tanti seri lavori, il pur diseguale Giuseppe Cino (*Diceria dell'untore*, 1990), Mario Martone (*Morte di un matematico napoletano*, 1991) dalla sceneggiatura che manca della necessaria *proportio partium*, Paolo Virzì (*La bella vita*, 1994), Enzo Monteleone, già sceneggiatore di Salvatores (*La vera vita di Antonio H.*, 1994), Franco Martinotti (*Abissinia*, 1993), *La corsa dell'innocente* di Carlo Carlei (1992), *Condominio* di Felice Farina (1991).

Il contributo femminile a questo rinnovamento non è trascurabile: Francesca Archibugi (*Mignon è partita*, 1988, *Verso sera*, 1990, *Il grande cocomero*, 1993), dopo convincenti prove ha tentato la non facile interpretazione (da affrontare con maggiore maturità critica) del mondo di Federigo Tozzi (*Con gli occhi chiusi*, 1994). Francesca Comencini (*La luce del lago*, 1988) opera in Francia, e Cristina Comencini si impegna nella traduzione per lo schermo del romanzo di Susanna Tamaro *Va' dove ti porta il cuore*. Simona Izzo afferma la sua personalità, tendente alla commedia, con

Maniaci sentimentali (1993), mentre Francesca Marciano, cimentatasi come attrice e regista, raggiunge i suoi migliori successi come sceneggiatrice (*Maledetto il giorno che ti ho incontrato* e *Perdiamoci di vista* di Carlo Verdone).

Tra le nuove attrici, tra le quali emergono Ornella Muti, Margherita Buy, Francesca Neri, Asia Argento, Elena Sofia Ricci, compie un exploit notevole Sabina Guzzanti interpretando quattordici personaggi in *Troppo sole* (1993) di Giuseppe Bertolucci, attento direttore di attori, che aveva esordito con *Berlinguer ti voglio bene* (1977), debutto cinematografico di Benigni al quale ha poi dedicato anche un *Tuttobenigni* (1986).

Una sua strada solitaria persegue Ermanno Olmi (che ha piuttosto un posto tra i «maestri»). Spirituale e poetico, predilige climi di purezza (incurante del confronto con film coevi dissacranti e violenti, falsamente di educazione sociale e di denuncia) e temi di significato religioso e umano. Ha avuto il suo film di maggior pregio in *L'albero degli zoccoli* e tuttora si distingue nettamente dalla restante produzione (coerente con i suoi lontani *Il tempo si è fermato* e *Il posto*) con *La leggenda del santo bevitore* (1988) e *Il segreto del bosco vecchio (1993)*, *Genesi* (1994). *Genesi: la creazione e il diluvio* è film di grande suggestione, per le immagini sapienti e di intensa partecipazione, e per l'insolito linguaggio, privo di retorica, del tutto alieno da voler fare spettacolo con le Sacre Scritture. Come Moretti, anche Olmi ha un suo gruppo di sodali: Mario Brenta, che aveva bene esordito con *Vermisat* (1974), torna apprezzato alla ribalta, dopo una nutrita produzione documentaristica, con *Barnabò delle montagne* (1994) da un racconto di Dino Buzzati. Maurizio Zaccaro, che ama gli stessi paesaggi alpini di Olmi, ha diretto *Valle di pietra* (1992) da un romanzo di Adalbert Stifter, sceneggiato dallo stesso Olmi.

Cronologia

1894. Filoteo Alberini inventa il Kinetografo «appareil à prendre, projeter et tirer des films» (Sadoul). Per la lentezza della burocrazia italiana riceve il brevetto il 2.12.95.

1896. Italo Pacchioni, dopo aver visto i film di Lumière, gira in Italia *Arrivo di un treno in stazione*.

Prime comiche di Italo Pacchioni (*La gabbia dei matti*, *Battaglia di neve*, *Il finto storpio*)..

Fregoli stringe amicizia a Lione coi fratelli Lumière e immagina il Fregoligraph: «cinematografo inventato da Fregoli il quale può riprodurre delle vedute di tre metri su quattro con chiarezza di tutti i particolari» (Melzi).

1897. Filoteo Alberini fabbrica la prima macchina da presa per dilettanti con pellicola di piccolo formato e caricamento in piena luce.

1904. Arturo Ambrosio costruisce a Torino il primo teatro di posa. Filoteo Alberini realizza *La presa di Roma*.

1905. Alberini e Santoni fondano uno stabilimento a Roma, via Veio, che nel 1907 prenderà il nome di Cines.

1907. Escono le prime riviste interessate al cinema fra cui *La lanterna*, di Napoli, *La rivista fono-cinematografica*, *Café-Chantant*. Ricciotto Canudo comincia a occuparsi, a Parigi, del problema critico ed estetico del cinema. Qualche anno dopo, S.A. Luciani, amico del *barisien*, pubblica in Italia saggi di critica cinematografica.

Roberto Omegna gira in Italia i primi film scientifici.

1908. La Ambrosio & C. di Torino, già attiva dal 1905, diventa Società Anonima Ambrosio.

Arturo Ambrosio è chiamato dallo zar Nicola e organizzare produzioni cinematografiche in Russia, dove si distingue come operatore il torinese Giovanni Vitrotti.

1911. A Parigi, dove Canudo presenta il 22 maggio il dramma *Le Martyre de S. Sebastien*, il 24 dello stesso mese Arturo Ambrosio ottiene da D'Annunzio la firma del contratto in cui il poeta si impegna alla riduzione per lo schermo dei propri drammi.

1912. Carlo Montuori, allievo del fotografo e pioniere cinematografico Luca Comerio, crea in Italia il sistema di illuminazione artificiale con carboni uniti con fili di ferro a loro volta collegati alla corrente elettrica (lampada ad arco). Fine del «teatro a vetri» in Italia. Primi film spettacolari di lungometraggio.

1913. L'ing. Giovanni Pastrone (Piero Fosco) gira *Cabiria* con ricchezza di innovazioni tecniche fra cui: panoramica, carrello, luci artificiali, modellini, rinuncia al trucco teatrale per gli attori. Le didascalie sono di D'Annunzio. Un anno dopo il film è proiettato in America con grande successo.

1914. Film realistici: *Sperduti nel buio* di Martoglio e Danesi e *Triangolo giallo* di Ghione. Film pantomima: *Histoire d'un Pierrot* di Negroni.

1915. *Assunta Spina* di Gustavo Serena.
Lucio d'Ambra inizia una cospicua produzione di film operettistici.

1916. *Topi grigi* di Ghione. *Cenere* con Eleonora Duse.
Anton Giulio Bragaglia e Arnaldo Ginna girano film futuristi e d'avanguardia. Marinetti lancia il *Manifesto del cinema futurista*.

1918. I giornali (v. *Il Messaggero verde della domenica* del 24 maggio 1918) mettono sull'avviso i cineasti italiani per la minacciosa invadenza della produzione statunitense.

1919. Crisi della cinematografia italiana. Si costituisce in consorzio la Unione cinematografica italiana (U.C.I.).

1923. Tra molti incidenti si gira (produttore Arturo Ambrosio) la seconda edizione di *Quo vadis?* (la prima è del 1913). Ma il film, durante la cui ripresa l'attore Palumbo viene sbranato da un leone, non ha fortuna.

1925. Il 14 luglio viene ufficialmente riconosciuto l'Istituto L.U.C.E. (La Unione cinematografica educativa) per i film documentari e didattici.

1926. Registi americani in Italia: Fred Niblo gira *Ben Hur*. La produzione nazionale è ferma.

1929. *Sole* di Blasetti. *Rotaie* di Camerini.

1930. Negli stabilimenti Cines, animatore Stefano Pittaluga, vengono girati i primi film sonori: *Resurrectio* di A. Blasetti, *La canzone dell'amore* di Righelli seguito da tre film con Petrolini, da *Terra madre* di Blasetti ecc. Emilio Cecchi è nominato direttore generale artistico della Cines e promuove la produzione di documentari (Blasetti, Poggioli, Barbaro, Pozzi Bellini, ecc.).

1932. *Uomini che mascalzoni!* di Camerini. Prima Mostra d'Arte cinematografica a Venezia.

1933. *1860* di Blasetti. *Acciaio* di Ruttmann (soggetto firmato da Pirandello).

1934. Istituzione della Direzione generale per la cinematografia.

1935. Nascita del Centro Sperimentale di cinematografia (che nel 1940 si trasferisce a Cinecittà).
Darò un milione di Camerini (soggetto di Zavattini).
La Banca del Lavoro istituisce una Sezione autonoma per il Credito cinematografico al fine di sostenere lo sforzo produttivo italiano.
Le organizzazioni universitarie costituiscono Sezioni cinematografiche (Cine-Guf) dove comincia a prepararsi quasi tutta la giovane critica e regia cinematografica italiana.

1936. *Cavalleria* di Alessandrini.
Esce *Cinema*, rivista diretta da Luciano De Feo.

1937. *Signor Max* di Camerini (soggetto di Amleto Palermi, sceneggiatura di Aldo De Benedetti e Mario Soldati).
Nasce *Bianco e Nero*, rivista d'arte, critica e tecnica del film, edita dal Centro Sperimentale di cinematografia. Il 21 aprile viene inaugurata Cinecittà; presidente: Luigi Freddi.

1938. Istituzione del monopolio in seno all'ENIC. Le sette case di produzione americane chiudono le loro sedi italiane.

CRONOLOGIA   87

1940. *Addio giovinezza* di Poggioli. *Piccolo mondo antico* di Soldati. *Peccatrice* di Palermi.
1941. *Gelosia* di Poggioli. *Uomini sul fondo* di De Robertis.
1942. *La nave bianca* di Rossellini (supervisione di De Robertis).
Gli ebrei sono esclusi dalle attività dello spettacolo.
1943. *Ossessione* di Visconti. *I bambini ci guardano* di De Sica. *Quattro passi fra le nuvole* di Blasetti.
1944. L'AMG abroga la legislazione fascista per la cinematografia.
1945. *Roma città aperta* di Rossellini. *Sciuscià* di De Sica. *Un giorno nella vita* di Blasetti.
1946. *Paisà* di Rossellini. *Il sole sorge ancora* di Vergano.
1947. *Vivere in pace* di Zampa. Il movimento dei Cine-Clubs si estende in Italia.
1948. *Germania anno zero* di Rossellini. *La terra trema* di Visconti. *Senza pietà* di Lattuada.
1949. *Ladri di biciclette* di De Sica. *Francesco giullare di Dio* di Rossellini. *In nome della legge* di Germi.
Proiezione di *Ladri di biciclette* alla Salle Pleyel di Parigi. Il neorealismo si afferma nel mondo.
1950. *Miracolo a Milano* di De Sica.
1951. *Quo vadis?* di Merwyn Le Roy, auspicio di una intesa economica tra cinema americano e italiano, per superare la crisi post-bellica di Cinecittà. *Umberto D.* di De Sica. *Due soldi di speranza* di Castellani.
1952. *La carrozza d'oro* di Jean Renoir. *Processo alla città* di Zampa.
1953. *Pane amore e fantasia* di Comencini.
1954. *Oro di Napoli* di De Sica. *Senso* di Visconti. *La strada* di Fellini.
1955. Il numero degli spettatori televisivi supera quello dei frequentatori delle sale cinematografiche.
Il ferroviere di Germi.
1956. *Poveri ma belli* di Risi.
1957. *L'uomo di paglia* di Germi.
1958. Hollywood sul Tevere: *Ben Hur* di William Wyler.
I soliti ignoti di Steno e Monicelli.
Costituzione dell'Ente autonomo gestione cinema.
1959. *La grande guerra* di Monicelli. *La dolce vita* di Fellini. *Generale Della Rovere* di Rossellini.
1960. *Rocco e i suoi fratelli* di Visconti. *L'avventura* di Antonioni. *La ciociara* di De Sica.
1961. *Accattone* di Pasolini. *Il posto* di Olmi. *La notte* di Antonioni. *Salvatore Giuliano* di Rosi.
1962. *Il sorpasso* di Risi.
1963. *Le mani sulla città* di Rosi. *Il gattopardo* di Visconti.
1964. *Deserto rosso* di Antonioni.
1965. John Huston dirige a Dinocittà, e in parte a Cinecittà, *La Bibbia*.
1966. *La battaglia di Algeri* di Pontecorvo.
1967. *Blow up* di Antonioni.
1968. Costituzione dell'Italnoleggio.
Satyricon di Fellini. *C'era una volta il West* di Leone.
L'invasione ormai generalizzata della Tv mette in crisi le piccole sale (il così detto «cinema sotto casa»).

88 CRONOLOGIA

1969. *La caduta degli Dei* di Visconti.

1970. La Televisione italiana decide di compartecipare alla produzione dei film.

1971. *I clowns* di Fellini. *Il giardino dei Finzi Contini* di De Sica.
È costituita in «gruppo pubblico cinematografico» la «Cinecittà Spa» comprendente: Ente autonomo gestione cinema, Istituto Luce, Cinecittà, Italnoleggio Spa.
Morte a Venezia di Visconti.

1972. *Roma* di Fellini. *Ludwig* di Visconti.

1973. *Amarcord* di Fellini.

1974. *Gruppo di famiglia in un interno* di Visconti. Decesso di De Sica.

1975. Drammatica fine di Pasolini dopo la realizzazione di *Salò o Le 120 giornate di Sodoma*.

1976. *Padre padrone* dei fratelli Taviani. *Casanova* di Fellini. *Novecento* di Bertolucci. Morte di Visconti.

1977. *Una giornata particolare* di Scola. Rossellini realizza nell'ultima parte della sua vita film didattici; muore nel 1977.

1978. *L'albero degli zoccoli* di Olmi.

1979. *Prova d'orchestra* di Fellini. Vengono prodotti in Italia 146 film contro i 249 del 1969.

1980-1981. La commedia all'italiana si rinnova con l'affermazione di nuovi attori-autori.

1982. *La Traviata* di Zeffirelli.

1983. *C'era una volta l'America* di Leone. *E la nave va* di Fellini.

1984. *Kaos* dei fratelli Taviani.

1985. *Ginger e Fred* di Fellini.

1986. *Intervista* di Fellini.

1987. Cinquantenario di Cinecittà. *L'ultimo Imperatore* di Bertolucci (Oscar). Muore il «padre» del cinema sonoro italiano Blasetti.

1989. Film di successo delle commedie di Benigni, Moretti, Troisi, Verdone.

1990. *La voce della luna* di Fellini.

1993. Morte di Fellini.

1994. *Genesi* di Olmi. *Il postino* di Troisi e Redford.

Premi e riconoscimenti al cinema italiano

Oscar

1947. Miglior film straniero: *Sciuscià* (Vittorio De Sica).
1949. Miglior film straniero: *Ladri di biciclette* (Vittorio De Sica).
1955. Miglior attrice: Anna Magnani (*La rosa tatuata*).
1956. Miglior film straniero: *La strada* (Federico Fellini).
1957. Miglior film straniero: *Le notti di Cabiria* (Federico Fellini).
1961. Miglior attrice: Sophia Loren (*La ciociara*).
1963. Miglior film straniero: *Otto e mezzo* (Federico Fellini).
1964. Miglior film straniero: *Ieri, oggi e domani* (Vittorio De Sica).
1970. Miglior film straniero: *Indagine su un cittadino al di sopra di ogni sospetto* (Elio Petri).
1971. Miglior film straniero: *Il giardino dei Finzi Contini* (Vittorio De Sica).
1974. Miglior film straniero: *Amarcord* (Federico Fellini).
1988. Miglior regia e miglior film straniero: *L'ultimo imperatore* (Bernardo Bertolucci).
1990. Miglior film straniero: *Nuovo Cinema Paradiso* (Giuseppe Tornatore).
1991. Oscar alla carriera: Sophia Loren.
1992. Miglior film straniero: *Mediterraneo* (Gabriele Salvatores).
1993. Oscar alla carriera: Federico Fellini.
1995. Oscar alla carriera: Michelangelo Antonioni.

Mostra d'arte cinematografica di Venezia

1934. Miglior film: *Teresa Confalonieri* (Guido Brignone).
1935. Miglior film: *Casta diva* (Carmine Gallone).
1936. Miglior film: *Squadrone bianco* (Augusto Genina).
1937. Miglior film: *Scipione l'Africano* (Carmine Gallone).
1938. Miglior film: *Luciano Serra pilota* (Goffredo Alessandrini).
1939. Miglior film: *Abuna Messias* (Goffredo Alessandrini).
1940. Miglior film: *L'assedio dell'Alcazar* (Augusto Genina).
1941. Miglior film: *La corona di ferro* (Alessandro Blasetti).
   Miglior attore: Ermete Zacconi (*Don Bonaparte*).
1942. Miglior film: *Bengasi* (Augusto Genina).
   Miglior attore: Fosco Giachetti (*Bengasi*).
1947. Miglior attrice: Anna Magnani (*L'onorevole Angelina*).
1948. Premio internazionale: *La terra trema* (Luchino Visconti).

90 PREMI E RICONOSCIMENTI AL CINEMA ITALIANO

1949. Miglior regia: Augusto Genina (*Cielo sulla palude*).
1950. Premio internazionale: *Prima comunione* (Alessandro Blasetti).
1951. Premio internazionale: *Europa '51* (Roberto Rossellini).
1953. Leone d'argento: *I vitelloni* (Federico Fellini).
1954. Leone d'oro: *Giulietta e Romeo* (Renato Castellani).
Leone d'argento: *La strada* (Federico Fellini).
1955. Leone d'argento: *Le amiche* (Michelangelo Antonioni).
1957. Leone d'argento: *Le notti bianche* (Luchino Visconti).
1958. Miglior attrice: Sophia Loren (*Orchidea nera*).
Premio speciale della giuria: *La sfida* (Francesco Rosi).
1959. Leone d'oro: *Il generale Della Rovere* (Roberto Rossellini) e *La grande guerra* (Mario Monicelli) *ex aequo*.
1960. Premio speciale della giuria: *Rocco e i suoi fratelli* (Luchino Visconti).
Premio opera prima: *La lunga notte del '43* (Florestano Vancini).
1961. Premio opera prima: *Banditi a Orgosolo* (Vittorio De Seta).
1962. Leone d'oro: *Cronaca familiare* (Valerio Zurlini).
1963. Leone d'oro: Francesco Rosi (*Le mani sulla città*).
1964. Leone d'oro: *Deserto rosso* (Michelangelo Antonioni).
1964. Premio speciale della giuria: *Il Vangelo secondo Matteo* (Pier Paolo Pasolini).
1965. Leone d'oro: *Vaghe stelle dell'Orsa* (Luchino Visconti).
1966. Leone d'oro: *La battaglia di Algeri* (Gillo Pontecorvo).
1967. Premio speciale della giuria: *La Cina è vicina* (Marco Bellocchio).
1968. Miglior attrice: Laura Betti (*Teorema*).
Premio speciale della giuria: *Nostra Signora dei Turchi* (Carmelo Bene).
1981. Premio speciale della giuria: *Sogni d'oro* (Nanni Moretti).
1982. Premio opera prima: *Sciopen* (Luciano Odorisio).
1986. Miglior attore: Carlo delle Piane (*Regalo di Natale*).
Miglior attrice: Valeria Golino (*Storia d'amore*).
Gran premio speciale della giuria: *Storia d'amore* (Francesco Maselli).
1987. Leone d'oro alla carriera: Luigi Comencini.
Leone d'argento: *Lunga vita alla Signora* (Ermanno Olmi).
1988. Leone d'oro: *La leggenda del santo bevitore* (Ermanno Olmi).
1989. Miglior attore: Marcello Mastroianni e Massimo Troisi (*Che ora è*) *ex aequo*.
1991. Leone d'oro alla carriera: Mario Monicelli.
Leone d'oro speciale: Gian Maria Volonté.
1992. Gran premio speciale della giuria: *Morte di un matematico napoletano* (Mario Martone).
1993. Miglior attore: Fabrizio Bentivoglio (*Un'anima divisa in due*).
Coppa Volpi per l'attore non protagonista: Marcello Mastroianni (*Un, deux, trois: soleil*).
Coppa Volpi per l'attrice non protagonista: Anna Bonaiuto (*Dove siete? Io sono qui!*).
1994. Leone d'argento: *Il toro* (Carlo Mazzacurati) *ex aequo*.
Leone d'oro speciale alla carriera: Suso Cecchi D'Amico.
Osella d'oro per la regia: Gianni Amelio (*Lamerica*).
Coppa Volpi per l'attore non protagonista: Roberto Citran (*Il toro*).

PREMI E RICONOSCIMENTI AL CINEMA ITALIANO 91

Festival cinematografico di Cannes

1946. Miglior film: *Roma città aperta* (Roberto Rossellini).
1949. Miglior attrice: Isa Miranda (*Le mure di Malapaga*).
1951. Miglior film: *Miracolo a Milano* (Vittorio De Sica) *ex aequo*.
1952. Miglior film: *Due soldi di speranza* (Renato Castellani).
1955. Premio speciale della giuria: *Continente perduto* (Bonzi, Craveri, Gras, Lavagnino, Moser).
1957. Miglior attrice: Giulietta Masina (*Le notti di Cabiria*).
1960. Palma d'oro: *La dolce vita* (Federico Fellini).
  Premio speciale della giuria: *L'avventura* (Michelangelo Antonioni).
1962. Premio speciale della giuria: *L'eclisse* (Michelangelo Antonioni).
1963. Palma d'oro: *Il Gattopardo* (Luchino Visconti).
1966. Gran premio: *Signori e signore* (Pietro Germi) *ex aequo*.
1967. Gran premio: *Blow up* (Michelangelo Antonioni).
1970. Miglior attore: Marcello Mastroianni (*Dramma della gelosia: tutti i particolari in cronaca*).
  Miglior attrice: Ottavia Piccolo (*Metello*).
  Gran premio speciale della giuria: *Indagine su un cittadino al di sopra di ogni sospetto* (Elio Petri).
1971. Miglior attore: Riccardo Cucciolla (*Sacco e Vanzetti*).
1972. Gran premio: *Il caso Mattei* (Francesco Rosi) e *La classe operaia va in Paradiso* (Elio Petri) *ex aequo*.
1973. Miglior attore: Giancarlo Giannini (*Film d'amore e d'anarchia*).
1974. Gran premio speciale della giuria: *Il fiore delle mille e una notte* (Pier Paolo Pasolini).
1975. Miglior attore: Vittorio Gassman (*Profumo di donna*).
1976. Miglior regia: Ettore Scola (*Brutti, sporchi e cattivi*).
1977. Palma d'oro: *Padre padrone* (Paolo e Vittorio Taviani).
1978. Palma d'oro: *L'albero degli zoccoli* (Ermanno Olmi).
  Premio speciale della giuria: *Ciao maschio* (Marco Ferreri) *ex aequo*.
1981. Miglior attore: Ugo Tognazzi (*La tragedia di un uomo ridicolo*).
1982. Gran premio speciale della giuria: *La notte di San Lorenzo* (Paolo e Vittorio Taviani).
  Premio speciale della giuria: *Identificazione di una donna* (Michelangelo Antonioni).
1983. Miglior attore: Gian Maria Volonté (*La morte di Mario Ricci*).
1987. Miglior attore: Marcello Mastroianni (*Oci ciornie*).
  Premio del Quarantennale: Federico Fellini (*Intervista*).
1989. Gran premio speciale della giuria: *Nuovo Cinema Paradiso* (Giuseppe Tornatore).
1992. Gran premio speciale della giuria: *Ladro di bambini* (Gianni Amelio).
1994. Miglior attrice: Virna Lisi (*La regina Margot*).
  Miglior regia: Nanni Moretti (*Caro diario*).

Festival cinematografico di Berlino

1956. Miglior attrice: Elsa Martinelli (*Donatella*).
1957. Miglior regia: Mario Monicelli (*Padri e figli*).
1958. Miglior attrice: Anna Magnani (*Selvaggio è il vento*).

1961. Orso d'oro: *La notte* (Michelangelo Antonioni).
1962. Miglior regia: Francesco Rosi (*Salvatore Giuliano*).
1963. Orso d'oro: *Il diavolo* (Gian Luigi Polidoro) *ex aequo*.
1971. Orso d'oro: *Il giardino dei Finzi Contini* (Vittorio De Sica).
1972. Orso d'oro: *I racconti di Canterbury* (Pier Paolo Pasolini).
   Miglior attore: Alberto Sordi (*Detenuto in attesa di giudizio*).
1976. Miglior regia: Mario Monicelli (*Caro Michele*).
1979. Miglior attore: Michele Placido (*Ernesto*).
1982. Miglior regia: Mario Monicelli (*Il marchese del Grillo*).
1984. Miglior regia: Ettore Scola (*Ballando ballando*).
   Miglior attrice: Monica Vitti (*Flirt*) *ex aequo*.
1987. Miglior attore: Gian Maria Volonté (*Il caso Moro*).
1991. Miglior regia: Ricky Tognazzi (*Ultrà*) *ex aequo*.
   Orso d'oro: *La casa del sorriso* (Marco Ferreri).

Nastri d'argento ai migliori film italiani dal 1946 al 1994

1946. Roberto Rossellini, *Roma città aperta*.
1947. Roberto Rossellini, *Paisà*.
1948. Pietro Germi, *Gioventù perduta*.
1949. Vittorio De Sica, *Ladri di biciclette*.
1950. Augusto Genina, *Cielo sulla palude*.
1951. Alessandro Blasetti, *Prima comunione*.
1952. Renato Castellani, *Due soldi di speranza*.
1953. Luigi Zampa, *Processo alla città*.
1954. Federico Fellini, *I vitelloni*.
1955. Federico Fellini, *La strada*.
1956. Michelangelo Antonioni, *Le amiche*.
1957. Pietro Germi, *Il ferroviere*.
1958. Federico Fellini, *Le notti di Cabiria*.
1959. Pietro Germi, *L'uomo di paglia*.
1960. Roberto Rossellini, *Il generale Della Rovere*.
1961. Luchino Visconti, *Rocco e i suoi fratelli*.
1962. Michelangelo Antonioni, *La notte*.
1963. Nanni Loy, *Le quattro giornate di Napoli*.
   Francesco Rosi, *Salvatore Giuliano*.
1964. Federico Fellini, *Otto e mezzo*.
1965. Pier Paolo Pasolini, *Il Vangelo secondo Matteo*.
1966. Antonio Pietrangeli, *Io la conoscevo bene*.
1967. Gillo Pontecorvo, *La battaglia di Algeri*.
1968. Elio Petri, *A ciascuno il suo*.
1969. Franco Zeffirelli, *Romeo e Giulietta*.
1970. Luchino Visconti, *La caduta degli dèi*.
1971. Elio Petri, *Indagine su un cittadino al di sopra di ogni sospetto*.
1972. Luchino Visconti, *Morte a Venezia*.
1973. Bernardo Bertolucci, *Ultimo tango a Parigi*.
1974. Federico Fellini, *Amarcord*.
1975. Luchino Visconti, *Gruppo di famiglia in un interno*.
1976. Michelangelo Antonioni, *Professione reporter*.

PREMI E RICONOSCIMENTI AL CINEMA ITALIANO

1977. Valerio Zurlini, *Il deserto dei Tartari*.
1978. Paolo e Vittorio Taviani, *Padre padrone*.
1979. Ermanno Olmi, *L'albero degli zoccoli*.
1980. Federico Fellini, *La città delle donne*.
1981. Francesco Rosi, *Tre fratelli*.
1982. Marco Ferreri, *Storie di ordinaria follia*.
1983. Paolo e Vittorio Taviani, *La notte di San Lorenzo*.
1984. Federico Fellini, *E la nave va*.
  Pupi Avati, *Una gita scolastica*.
1985. Sergio Leone, *C'era una volta l'America*.
1986. Mario Monicelli, *Speriamo che sia femmina*.
1987. Ettore Scola, *La famiglia*.
1988. Bernardo Bertolucci, *L'ultimo imperatore*.
1989. Ermanno Olmi, *La leggenda del santo bevitore*.
1990. Pupi Avati, *Storia di ragazzi e di ragazze*.
1991. Gianni Amelio, *Porte aperte*.
1992. Gabriele Salvatores, *Mediterraneo*.
1993. Gianni Amelio, *Ladro di bambini*.
1994. Nanni Moretti, *Caro Diario*.

Premi David di Donatello ai migliori film e ai migliori registi italiani dal 1955 al 1994

1955-56. Gianni Franciolini, *Racconti romani*.
1956-57. Federico Fellini, *Le notti di Cabiria*.
  Alberto Lattuada, *Guendalina*.
1957-58. Antonio Pietrangeli, *Nata di marzo*.
1958-59. Alberto Lattuada, *La tempesta*.
1959-60. Federico Fellini, *La dolce vita*.
1960-61. Michelangelo Antonioni, *La notte*.
1961-62. (non assegnato)
1962-63. Vittorio De Sica, *I sequestrati di Altona*.
1963-64. Pietro Germi, *Sedotta e abbandonata*.
1964-65. Vittorio De Sica, *Matrimonio all'italiana*.
  Francesco Rosi, *Il momento della verità*.
1965-66. Alessandro Blasetti, *Io, io, io... e gli altri*.
  Pietro Germi, *Signore e signori*.
1966-67. Luigi Comencini, *Incompreso*.
1967-68. Damiano Damiani, *Il giorno della civetta*.
  Carlo Lizzani, *Banditi a Milano*.
1968-69. Franco Zeffirelli, *Romeo e Giulietta*.
1969-70. Gillo Pontecorvo, *Queimada*.
1970-71. Nino Manfredi, *Per grazia ricevuta*.
  Enrico Maria Salerno, *Anonimo veneziano*.
  Luchino Visconti, *Morte a Venezia*.
1971-72. Sergio Leone, *Giù la testa*.
  Franco Zeffirelli, *Fratello Sole, Sorella Luna*.
1972-73. Ennio De Concini, *Gli ultimi giorni di Hitler*.
  Luchino Visconti, *Ludwig*.

94 PREMI E RICONOSCIMENTI AL CINEMA ITALIANO

1973-74. Federico Fellini, *Amarcord*.

1974-75. Dino Risi, *Profumo di donna*.

1975-76. Ennio Lorenzini, *Quanto è bello lu morire acciso*.
Francesco Rosi, *Cadaveri eccellenti*.

1976-77. Giorgio Ferrara, *Un cuore semplice*.
Mario Monicelli, *Un borghese piccolo piccolo*.
Valerio Zurlini, *Il deserto dei Tartari*.

1977-78. Ettore Scola, *Una giornata particolare*.

1978-79. Francesco Rosi, *Cristo si è fermato a Eboli*.

1979-80. Marco Bellocchio, *Salto nel vuoto*.
Gillo Pontecorvo, *Ogro*.

1980-81. Massimo Troisi, *Ricomincio da tre* (miglior film).
Francesco Rosi, *Tre fratelli* (miglior regia).

1981-82. Carlo Verdone, *Borotalco* (miglior film).
Marco Ferreri, *Storie di ordinaria follia* (miglior regia).

1982-83. Paolo e Vittorio Taviani, *La notte di San Lorenzo* (miglior film e miglior regia).

1983-84. Ettore Scola, *Ballando ballando* (miglior film e miglior regia).
Federico Fellini, *E la nave va* (miglior film).

1984-85. Francesco Rosi, *Carmen* (miglior film e miglior regia).

1985-86. Mario Monicelli, *Speriamo che sia femmina* (miglior film e miglior regia).

1986-87. Ettore Scola, *La famiglia* (miglior film e miglior regia).

1987-88. Bernardo Bertolucci, *L'ultimo imperatore* (miglior film e miglior regia).

1988-89 Ermanno Olmi, *La leggenda del santo bevitore* (miglior film e miglior regia).

1989-90. Gianni Amelio, *Porte aperte* (miglior film).
Mario Monicelli, *Il male oscuro* (miglior regia).

1990-91. Gabriele Salvatores, *Mediterraneo* (miglior film).
Francesca Archibugi, *Verso sera* (miglior film).
Ricky Tognazzi, *Ultrà* (miglior regia).
Marco Risi, *Ragazzi fuori* (miglior regia).

1991-92. Gianni Amelio, *Ladro di bambini* (miglior film e miglior regia).

1992-93. Francesca Archibugi, *Il grande cocomero* (miglior film).
Roberto Faenza, *Jona che visse nella balena* (miglior regia).
Ricky Tognazzi, *La scorta* (miglior regia)

1993-94. Nanni Moretti, *Caro diario* (miglior film).
Carlo Verdone, *Perdiamoci di vista* (miglior regia).

Bibliografia essenziale

Sulle personalità e opere principali del cinema italiano del dopoguerra vanno consultati anzitutto lessici e enciclopedie come *Enciclopedia dello spettacolo* (Roma, 1954-58) e *Filmlexicon degli autori e delle opere* (Roma, 1958-67); inoltre *Dizionario del cinema italiano 1945-1969* di Gianni Rondolino, Torino, 1969; Brunetta Gianpiero, *Cent'anni di cinema italiano*, Bari, 1991[2] e *Storia del cinema italiano*, Roma, 1979-1993; Paolo Mereghetti, *Dizionario dei film*, Milano, 1993; *Dizionario universale del cinema* di Fernaldo Di Giammatteo, Roma, 1984 e dello stesso autore *Nuovo dizionario universale del cinema. I film*, Roma, 1995.

I precedenti sono reperibili in: E.G. Margadonna, *Cinema di ieri e di oggi*, Milano, 1932; Francesco Pasinetti, *Storia del cinema*, Roma, 1939; E.P. Palmieri, *Vecchio cinema italiano*, Venezia, 1940; Carl Vincent, *Storia del cinema*, Milano, 1949; Nino Frank, *Cinema dell'arte*, Parigi, 1951; M.A. Prolo, *Storia del cinema muto italiano*, Milano, 1951; Mario Verdone, *Gli intellettuali e il cinema*, Roma, 1952; Mario Gromo, *Cinema italiano 1903-1953*, Milano, 1954; Roberto Paolella, *Storia del cinema muto*, Napoli, 1956; Georges Sadoul, *Storia del cinema mondiale*, Milano, 1972.

Vittorio Martinelli e Aldo Bernardini hanno pubblicato per «Bianco e Nero» e altri editori molti studi riguardanti, a partire dall'epoca del «muto», la storia del cinema.

Tra i numerosi studi di carattere generale sul cinema italiano a partire dal 1945 ricordiamo: Giulio Cesare Castello, *Il cinema neorealista italiano*, Firenze, 1957; Giuseppe Ferrara, *Il nuovo cinema italiano*, Firenze, 1957; Fabio Carpi, *Cinema italiano del dopoguerra*, Milano, 1958; Carlo Lizzani, *Il cinema italiano. Dalle origini agli anni ottanta*, Roma, 1992[3]; Orio Calderon, *Il lungo viaggio del cinema italiano*, Padova, 1965; *Vent'anni di cinema italiano*, a cura del Sindacato Nazionale Giornalisti Cinematografici Italiani, Roma, 1965; Gian Luigi Rondi, *Cinema italiano oggi*, Roma, 1966. Sui problemi della produzione fascista e della censura: Mino Argentieri, *La censura nel cinema italiano*, Roma, 1974; Claudio Carabba, *Il cinema del ventennio nero*, Firenze, 1974, Lino Micciché (a cura di), *Il neorealismo italiano*, Padova, 1976.

Sceneggiature di film italiani significativi sono state pubblicate dalle edizioni di Bianco e Nero, Cappelli, Einaudi, Garzanti. Sui maggiori registi si hanno molte monografie. Per Michelangelo Antonioni: Fabio Carpi, *Michelangelo Antonioni*, Parma, 1958; Carlo di Carlo, *Michelangelo Antonioni*, Roma, 1964; Giorgio Tinazzi, *Antonioni*, Firenze, 1974. Per Federico Fellini: Brunello Rondi, *Il cinema di Fellini*, Roma, 1965; Franco Pecori, *F. Fellini*, Firenze, 1974; Tullio Kezich, *Fellini*, Milano, 1980; Claudio G. Fava e

Aldo Viganò, *I film di F. Fellini*, Roma, 1991; Federico Fellini, *Fare un film*, Torino, 1993; Renzo Renzi, *L'ombra di Fellini*, Bari, 1994; Mario Verdone, *Fellini*, Milano, 1994. Per Roberto Rossellini: Massimo Mida, *Roberto Rossellini*, Parma, 1961; Mario Verdone, *Rossellini*, Parigi, 1963; Gianni Rondolino, *Rossellini*, Firenze, 1975. Per Luchino Visconti: Pio Baldelli, *I film di Luchino Visconti*, Manduria, 1965; Lino Micciché, *Visconti e il neorealismo*, Venezia, 1990; Renzo Renzi, *Visconti segreto*, Bari, 1994. Per Vittorio De Sica: André Bazin, *Vittorio De Sica*, Parma, 1953; Henri Agel, *Vittorio De Sica*, Parigi, 1964; Pierre Leprohon, *Vittorio De Sica*, Parigi, 1966; Mario Verdone, *De Sica*, Roma, 1975 (rivista *Bianco e Nero*, n. 9-12) e *L'artefice del film*, Roma, 1993 (dove è anche un saggio su Ermanno Olmi). Per Marco Ferreri: Maurizio Grande, *Marco Ferreri*, Firenze, 1975. Per Luigi Zampa: Domenico Meccoli, *Luigi Zampa*, Roma, 1956. Su Cesare Zavattini vanno consultati: *Straparole* e *Opere*, Milano, 1967 e 1974. I teorici del cinema italiano sono studiati in: Guido Aristarco, *Storia delle teoriche del film*, Torino, 1960; Mario Verdone, *Sommario di dottrine del film*, Parma, 1971; AA.VV., *Teorie e prassi del cinema in Italia*, Milano, 1972.

Studi e articoli su singoli film e momenti del cinema italiano dal 1945 in poi sono rintracciabili nelle collezioni delle seguenti riviste: *Bianco e Nero*, *Cinema*, *Cinema nuovo*, *Filmcritica*, *Cinema '60*, *Cineforum*, *Rivista del cinematografo*, *La Fiera Letteraria*. La collana «Il Castoro» ha dedicato monografie ai più importanti registi italiani. Nel 1979 Giampaolo Bernagozzi ha pubblicato *Il cinema corto. Il documentario nella vita italiana 1945-1980*.

Il sapere

Enciclopedia tascabile Newton
100 pagine 1000 lire

1. **Ludovico Gatto**, *Il Medioevo*
2. **Pio Filippani-Ronconi**, *Il buddhismo*
3. **Pierre Grimal**, *La letteratura latina*
4. **Enrico Malizia**, *Le droghe*
5. **Walter Mauro**, *La storia del jazz*
6. **Henri Michel**, *La seconda guerra mondiale*
7. **Maurice Reuchlin**, *Storia della psicologia*
8. **Henri Firket**, *La cellula vivente*
9. **Giuseppe Antonelli**, *Storia di Roma antica dalle origini alla fine della Repubblica*
10. **Mario Verdone**, *Il futurismo*
11. **Jacques Soustelle**, *Gli Aztechi*
12. **Serena Foglia**, *Il sogno e le sue interpretazioni*
13. **Claudio Quarantotto**, *Dizionario della musica Pop & Rock*
14. **Vincenzo Calò**, *L'agopuntura*
15. **F. Bluche / S. Rials / J. Tulard**, *La Rivoluzione francese*
16. **Napoleone Colajanni**, *La Cina contemporanea, 1949-1994*
17. **Claude David**, *Hitler e il nazismo*
18. **Michel Godfryd**, *Dizionario di psicologia e psichiatria*
19. **Walter Mauro**, *La musica americana dal song al rock*
20. **Robert Escarpit**, *Sociologia della letteratura*
21. **Elisabetta Chelo**, *La fecondazione umana*
22. **Luciano e Federico di Nepi**, *Le diete*
23. **Cecilia Gatto Trocchi**, *Le sette in Italia*
24. **Roberto Michele Suozzi**, *Le piante medicinali*
25. **Enrico Nassi**, *La massoneria*
26. **Bruno Zevi**, *Architettura. Concetti di una controstoria*
27. **Giacinto Spagnoletti**, *Storia della letteratura francese*
28. **Pierre Renouvin**, *La prima guerra mondiale*
29. **Francesca Brezzi**, *Le grandi religioni*
30. **André Morali-Daninos**, *Storia della sessualità*
31. **Frédéric Teulon**, *Dizionario di economia*
32. **Eric Buffetaut**, *I Dinosauri*
33. **Giampiero Carocci**, *Storia del fascismo*
34. **Piero Mioli**, *Storia dell'opera lirica*
35. **Tommaso Pisanti**, *Storia della letteratura americana*
36. **Pio Filippani-Ronconi**, *L'induismo*
37. **Ludovico Gatto**, *Le crociate*
38. **Stefano Lanuzza**, *Storia della lingua italiana*

39. **Cecilia Gatto Trocchi,** *La magia*
40. **Enrico Malizia,** *L'AIDS*
41. **Romolo A. Staccioli,** *Gli Etruschi*
42. **Franco Cangini,** *Storia della prima repubblica*
43. **Bruno Zevi,** *Architettura della modernità*
44. **Serena Foglia,** *I simboli del sogno*
45. **Jean-Baptiste Duroselle/Jean-Marie Mayeur,** *Storia del cattolicesimo*
46. **Paolo Santangelo,** *Storia della Cina dalle origini ai nostri giorni*
47. **Antonio Di Meo,** *Storia della chimica*
48. **Viviana Zarbo,** *Storia del Far West*
49. **Paola Sorge,** *Dizionario delle parole difficili*
50. **Giancarlo De Mattia,** *Il diabete*
51. **Ludovico Gatto,** *Il federalismo*
52. **Mario Verdone,** *Storia del cinema italiano*
53. **G.A. Privitera / G. Basta Donzelli / A. Masaracchia /**
    R. Pretagostini / F. Montanari, *Storia della letteratura greca* (a cura di Giovanni D'Anna)
54. **Paolo Alatri,** *Mussolini*
55. **Massimo Baldini,** *Storia della comunicazione*
56. **Giuliano Spirito,** *Matematica senza numeri*
57. **Masolino d'Amico,** *Storia del teatro inglese*
58. **Ludovico de Cesari,** *Dizionario degli errori e dei dubbi grammaticali*